编 委

郝文杰	全国民航职业教育教学指导委员会副秘书长、中国民航管理干部学院副教授
江丽容	全国民航职业教育教学指导委员会委员、国际金钥匙学院福州分院院长
林增学	桂林旅游学院旅游管理学院党委书记
丁永玲	武汉商学院旅游管理学院教授
史金鑫	中国民航大学乘务学院民航空保系主任
刘元超	西南航空职业技术学院空保学院院长
杨文立	上海民航职业技术学院安全员培训中心主任
范月圆	江苏航空职业技术学院航空飞行学院副院长
定 琦	郑州旅游职业学院现代服务学院副院长
黄 华	浙江育英职业技术学院航空学院副院长
王姣蓉	武汉商贸职业学院现代管理技术学院院长
毛颖善	珠海城市职业技术学院旅游管理学院副院长
黄华勇	毕节职业技术学院航空学院副院长
魏 日	江苏旅游职业学院旅游学院副院长
吴 云	上海旅游高等专科学校外语学院院长
穆广宇	三亚航空旅游职业学院民航空保系主任
田 文	中国民航大学乘务学院民航空保系讲师
汤 黎	武汉职业技术学院旅游与航空服务学院副教授
江 群	武汉职业技术学院旅游与航空服务学院副教授
汪迎春	浙江育英职业技术学院航空学院副教授
段莎琪	张家界航空工业职业技术学院副教授
王勤勤	江苏航空职业技术学院航空飞行学院副教授
覃玲媛	广西蓝天航空职业学院航空管理系主任
付 翠	河北工业职业技术大学空乘系主任
李 岳	青岛黄海学院空乘系主任
王观军	福州职业技术学院空乘系主任
王海燕	新疆职业大学空中乘务系主任
谷建云	湖南女子学院管理学院副教授
牛晓斐	湖南女子学院管理学院讲师

高等职业学校"十四五"规划民航服务类系列教材
湖南省精品在线开放课程新形态配套教材

航空运输地理

主　编 ◎ 陈珂馨
副主编 ◎ 叶　宏　李洪源　呙　磊　罗娅晴
参　编 ◎ 田　青　谌叶娟　吴　丹　胡晨璐

华中科技大学出版社
http://press.hust.edu.cn
中国·武汉

图书在版编目(CIP)数据

航空运输地理/陈珂馨主编.—武汉：华中科技大学出版社，2024.2(2025.2重印)
ISBN 978-7-5772-0375-1

Ⅰ.①航… Ⅱ.①陈… Ⅲ.①航空运输－运输地理 Ⅳ.①F56

中国国家版本馆CIP数据核字（2024）第034156号

航空运输地理
Hangkong Yunshu Dili

陈珂馨　主编

策划编辑：胡弘扬
责任编辑：洪美员
封面设计：廖亚萍
责任校对：张会军
责任监印：周治超

出版发行：华中科技大学出版社（中国·武汉）　　电话：(027)81321913
　　　　　武汉市东湖新技术开发区华工科技园　　邮编：430223

录　　排：孙雅丽
印　　刷：武汉市籍缘印刷厂
开　　本：787mm×1092mm　1/16
印　　张：11
字　　数：242千字
版　　次：2025年2月第1版第2次印刷
定　　价：49.80元

本书若有印装质量问题，请向出版社营销中心调换
全国免费服务热线：400-6679-118　　竭诚为您服务
版权所有　侵权必究

INTRODUCTION
出版说明

民航业是推动我国经济社会发展的重要战略产业之一。"十四五"时期,我国民航业将进入发展阶段转换期、发展质量提升期、发展格局拓展期。2021年1月在京召开的全国民航工作会议指出,"十四五"期末,我国民航运输规模将再上一个新台阶,通用航空市场需求将被进一步激活。这预示着我国民航业将进入更好、更快的发展通道。而我国民航业的快速发展模式,也对我国民航教育和人才培养提出了更高的要求。

2021年3月,中国民用航空局印发《关于"十四五"期间深化民航改革工作的意见》,明确了科教创新体系的改革任务,要做到既面向生产一线又面向世界一流。在人才培养过程中,教材建设是重要环节。因此,出版一套把握新时代发展趋势的高水平、高质量的规划教材,是我国民航教育和民航人才建设的重要目标。

基于此,华中科技大学出版社作为教育部直属的重点大学出版社,为深入贯彻习近平总书记对职业教育工作作出的重要指示,助力民航强国战略的实施与推进,特汇聚一大批全国高水平民航院校学科带头人、一线骨干"双师型"教师以及民航领域行业专家等,合力编著高等职业学校"十四五"规划民航服务类系列教材。

本套教材以引领和服务专业发展为宗旨,系统总结民航业实践经验和教学成果,在教材内容和形式上积极创新,具有以下特点:

一、强化课程思政,坚持立德树人

本套教材引入"课程思政"元素,树立素质教育理念,践行当代民航精神,将忠诚担当的政治品格、严谨科学的专业精神等内容贯穿于整个教材,使学生在学习知识的"获得感"中,获得个人前途与国家命运紧密相连的认知,旨在培养德才兼备的民航人才。

二、校企合作编写，理论贯穿实践

本套教材由国内众多民航院校的骨干教师、资深专家学者联合多年从事乘务工作的一线专家共同编写，将最新的企业实践经验和学校教科研理念融入教材，把必要的服务理论和专业能力放在同等重要的位置，以期培养具备行业知识、职业道德、服务理论和服务思想的高层次、高质量人才。

三、内容形式多元化，配套资源立体化

本套教材在内容上强调案例导向、图表教学，将知识系统化、直观化，注重可操作性。华中科技大学出版社同时为本套教材建设了内容全面的线上教材课程资源服务平台，为师生们提供全系列教学计划方案、教学课件、习题库、案例库、教学视频和音频等配套教学资源，从而打造线上线下、课内课外的新形态立体化教材。

我国民航业发展前景广阔，民航教育任重道远，为民航事业的发展培养高质量的人才是社会各界的共识与责任。本套教材汇集了来自全国的骨干教师和一线专家的智慧与心血，相信其能够为我国民航人才队伍建设、民航高等教育体系优化起到一定的推动作用。

本套教材在编写过程中难免存在疏漏、不足之处，恳请各位专家、学者以及广大师生在使用过程中批评指正，以利于教材质量的进一步提高，也希望并诚挚邀请全国民航院校及行业的专家学者加入我们这套教材的编写队伍，共同推动我国民航高等教育事业不断向前发展。

华中科技大学出版社
2021年11月

PREFACE 前言

如今,时代的发展犹如一棵根基稳健的大树,航空业正如其枝丫,与茂叶合力,繁密向上。2023年以来,复苏成趋势,航空业发展迎来了顺时顺势之机。

发展,始终是以人为本的。如何培养技能人才,培养什么样的技能人才,是本教材起笔初衷之思考。正如习近平总书记所强调,职业教育是国民教育体系和人力资源开发的重要组成部分,是广大青年打开通往成功成才大门的重要途径,肩负着培养多样化人才、传承技术技能、促进就业创业的重要职责。因此,本教材基于岗位所需,帮助学生储备丰富的民航基础知识,在助力其综合素养提升的同时,为技能输出打下坚实的基础。

1. 联动式任务驱动课程配套资源

本教材基于岗位要求,主要研究空乘人员在工作中需要了解的航空运输地理的诸多问题,包含航行环境因素、世界航空区划以及中国航空运输资源地理分布等知识。航空运输的活动范围在地表空间,各类环境因素对飞行有着重要的影响,国内外综合地理知识是学生在以后工作实践中的重要知识储备,也是每一个民航运输服务行业从事人员应具备的基本知识。同时,教材配套线上平台,通过引进资深专业教师、企业专家、跨校指导专家、领域领军人物把握课程整体设计,形成不同形式的教学资源,包括文字、视频、音频、图像等,以满足学生不同学习方式的需求。

2. 实践式参与强化综合实训水平

教材中穿插"任务导入""任务实施""课后测试"等栏目,强化各项目重难点教学;根据项目内容设置实践任务,帮助学生在巩固所学知识的同时培养综合实训能力;课后针对相关任务提出评价标准,对学生进行评分考核,便于学生量化学习效果并找出不足。

3."思政沙龙"引导提升职业素养

本教材配套线上教学资源,主要学习和研究空乘人员在工作中需了解的航空运输地理的诸多问题,包含航行环境因素、世界航空区划以及中国航空运输资源地理分布等知识。同时,课程融入习近平总书记在全国高校思想政治工作会议上强调的把思想政治工作贯穿教育教学全过程,开设"思政沙龙"环节,利用课堂教学这个主渠道,做到专业知识与思想政治理论方针同向同行,形成协同效应,丰富学生的思政认知。

本教材由陈珂馨担任主编,叶宏、李洪源、吊磊、罗雅晴担任副主编,田青、谌叶娟、吴丹、胡晨璐参编。本教材在编写过程中参考了大量相关民航运输行业资料,如存在疏漏与不妥之处,敬请各位专家和广大读者批评指正,期待各位的宝贵意见。

编者

2024 年 1 月

教材慕课链接

目录 CONTENTS

项目一 航空运输地理概论 ···1
    任务一　认识与飞行有关的地理常识 ·······················1
    任务二　熟悉影响飞行的气象因素 ···························7
    任务三　掌握时差与飞行时间的计算 ·····················17

项目二 航空运输布局构成元素 ·······································23
    任务一　了解航线的基本知识 ·································23
    任务二　熟悉机场（航空港）的基本知识 ················27
    任务三　熟悉航空公司的基本知识 ·························32

项目三 中国航线分布及北部航空区运输布局 ·············37
    任务一　熟悉影响航空运输布局的因素 ···············37
    任务二　掌握中国的航线分布 ·································55
    任务三　熟悉东北地区的主要空港城市、机场及航空企业 ········60

项目四 中国中部航空区运输布局 ·································69
    任务一　熟悉华北地区的主要空港城市、机场及航空企业 ········69
    任务二　熟悉华东地区的主要空港城市、机场及航空企业 ········79
    任务三　熟悉中南地区的主要空港城市、机场及航空企业 ········88

项目五 中国西部航空区运输布局 ·································98
    任务一　熟悉西南地区的主要空港城市、机场及航空企业 ········98
    任务二　熟悉西北和新疆地区的主要空港城市、机场及航空企业 ········105
    任务三　熟悉港澳台地区的主要空港城市、机场及航空企业 ········110

项目六 国际航协及国际主要航线 ··· 114
任务一　了解国际航空运输协会 ·· 114
任务二　熟悉国际主要航线 ·· 118

项目七 世界航空运输区划 ··· 126
任务一　熟悉IATA一区的概况 ··· 126
任务二　熟悉IATA二区的概况 ··· 140
任务三　熟悉IATA三区的概况 ··· 153

参考文献 ··· 161

项目一　航空运输地理概论

总述

作为空乘行业人员,在工作中不仅需要掌握良好的专业技能,同时也需要储备与专业息息相关的综合基础知识。本项目主要学习地球的经纬度、自转及公转、大气层级之间的关系。航空运输的活动范围在地表空间,因而地球的运动及产生的昼夜更替、四季变化及时差等现象对飞行有着重要的影响。另外,气象因素与飞机飞行有着密切的关系,很多飞机事故都与气象因素有关。本项目主要分析这些因素是如何影响飞机飞行的。

任务一　认识与飞行有关的地理常识

知识目标

1. 了解地球的经度和纬度。
2. 掌握地球自转及其影响。
3. 了解地球公转及其影响。
4. 掌握大气层和飞行环境的相关知识。

技能目标

1. 能够读取经纬度,判断某地的地理坐标。
2. 学会用辩证的思想、发展的眼光分析事物的变化。

任务导入

2018年5月14日,川航3U8633航班执行任务时,在万米高空突遇驾驶舱挡风玻璃爆裂脱落、座舱释压的极端罕见险情。生死关头,机组在机长刘传健的带领下,沉着冷静地应对,确保了机上128名人员的生命安全,创造了世界民航史上的奇迹。

请思考:

"万米高空"到底在哪里?"强风"到底是什么?飞机适合在哪里飞行?

一、地球的经度和纬度

(一) 经度

经度(longitude)泛指球面坐标系的横坐标,定义为地球面上一点和两极的连线与0°经线所在平面的夹角,以球面上的点所在辅圈相对于坐标原点所在辅圈的角距离来表示,通常特指地理坐标的经度。为了区分地球上的每一个地区,人们给经线标注了度数,这就是经度。实际上,经度是两条经线所在平面之间的夹角。

从北极点到南极点,可以画出许多南北方向的与地球赤道垂直的大圆圈,这些圆圈叫作"经圈";构成这些圆圈的线段,就叫"经线"。公元1884年,国际上规定以通过英国伦敦近郊的格林尼治天文台旧址的经线作为计算经度的起点,即经度零度零分零秒,也称"本初子午线"。在它东面的为东经,共180°;在它西面的为西经,共180°。因为地球是圆的,所以东经180°和西经180°的经线是同一条经线,如图1-1所示。各国公定180°经线为"国际日期变更线"。为了避免同一地区使用两个不同的日期,国际日期变线在遇陆地时略有偏离。

从0°经线算起,向东、向西各分作180°,以东的180°属于东经,习惯上用"E"作代号,以西的180°属于西经,习惯上用"W"作代号。在地图上判读经度时应注意:从西向东,经度的度数由小到大为东经度;从西向东,经度的度数由大到小,为西经度;除0°和180°经线外,其余经线都能准确地区分是东经度还是西经度。不同的经线具有不同的地方时。偏东的地方时要早,偏西的地方时要迟,每15个经度便相差一个小时。

(二) 纬度

纬线是指地球表面某点随地球自转所形成的轨迹。所有的纬线都相互平行,并与经线垂直,纬线指向东西方向。纬线形状为圈,纬线圈的大小不等,赤道为最大的纬线圈,从赤道向两极纬线圈逐渐缩小,到南、北两极缩小为点。

纬度(latitude)可分为天文纬度、大地纬度、地心纬度。地心纬度是指某点与地球球心的连线和地球赤道面所成的线面角,大地纬度是指某地地面法线对赤道面的夹角,天文纬度指该地铅垂线方向对赤道面的夹角。

我们通常说的纬度是大地纬度,数值在0°—90°。位于赤道以北的点的纬度叫"北纬",记为N;位于赤道以南的点的纬度称"南纬",记为S,如图1-2所示。

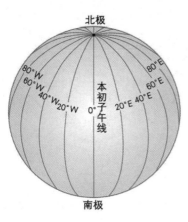

图1-1 经线和经度示意图

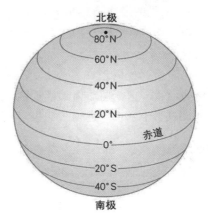

图1-2 纬线和纬度示意图

二、地球自转及其影响

地球绕自转轴自西向东转动,从北极点上空看呈逆时针旋转,从南极点上空看呈顺时针旋转。地球自转轴与黄道面成66.34°夹角,与赤道面垂直。地球自转是地球的一种重要运动形式,自转的平均角速度为 $4.167×10^{-3}$ 度/秒,在地球赤道上的自转线速度为465米/秒。地球自转一周耗时23小时56分,约每隔10年自转周期会增加或者减少3/1000—4/1000秒。

由于地球是一个不发光也不透明的球体,所以在同一时间里,太阳只能照亮地球表面的一半。向着太阳的半球,是白天;背着太阳的半球,是黑夜。昼半球和夜半球的分界线(圈),叫作晨昏线(圈)。由于地球不停地自转,昼夜也就不断地交替,如图1-3所示。昼夜交替的周期不长,就是上述的太阳日。这就使得地面白昼增温时不至于过分炎热,黑夜冷却不至于过分寒冷,从而保证了地球上生命有机体的生存和发展。

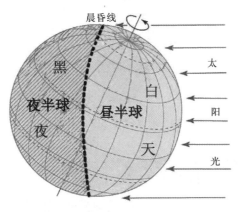

图1-3 地球自转产生昼夜交替现象

地球上水平运动的物体,无论朝着哪个方向运动,都会发生偏向,在北半球向右偏,在南半球向左偏。这些现象都是地球自转的结果。只有在赤道上,水平运动没有右偏或左偏的现象,因为那里的经线是互相平行的。

由于地球的自转,大气中的气流、大洋中的洋流都会产生偏向。这对地表热量与水分的输送交换,以及全球热量与水量的平衡,都有着巨大的影响。

地轴自转所产生的惯性离心力,使得地球由两极向赤道逐渐膨胀,成为目前略扁的旋转椭球体的形状。这个椭球体的半长轴,即地球赤道半径为6378.1千米;半短轴,即地球的极半径为6356.8千米。赤道半径比极半径约长21千米。扁率约为1/298。

三、地球公转及其影响

地球公转是指地球按一定轨道围绕太阳转动。像地球的自转具有其独特规律性一样,由于太阳引力场以及自转的作用,而导致的地球公转,也有其自身的规律。

地球的公转遵从地球轨道、地球轨道面、黄赤交角、地球公转的周期、地球公转速度和地球公转的效应等规律。地球公转一圈的时间是一年。在地球公转的过程中,存在两个明显周期,分别为回归年和恒星年。回归年与恒星年的时间不一样,两者一年的时间差称为"岁差"。

地球在公转过程中引起昼夜长短的周年变化,在地球上产生了四季的更替,如图1-4所示。昼夜长短变化是航空公司安排航班的考虑因素之一。在北半球,由于冬半年白天比夏半年白天短,为了充分利用白天,冬半年的航班时刻普遍比夏半年的航班时刻提前1—2小时。

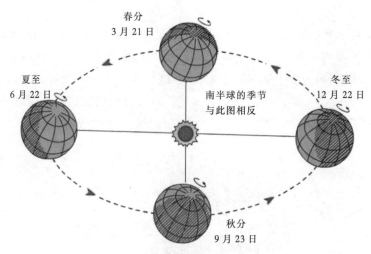

图1-4 地球公转产生四季交替

四、大气层和飞行关系的影响

(一) 大气层

大气层又称"大气圈",是因重力关系而围绕着地球的一层混合气体,是地球最外部的气体圈层,包围着海洋和陆地。大气圈没有确切的上界,在离地表2000—16000千米的高空仍有稀薄的气体和基本粒子;在地下,土壤和某些岩石中也会有少量气体,它们也可认为是大气圈的一个组成部分。地球大气的主要成分为氮、氧、氩、二氧化碳和不到0.04%比例的微量气体,这些混合气体被称为"空气"。

整个大气层随高度不同表现出不同的特点,分为对流层、平流层、中间层、热/暖层和散逸层,再上面就是星际空间了,如图1-5所示。

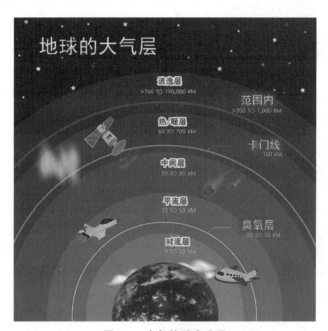

图1-5　大气的垂直分层

1 对流层

地球的对流层是最接近地球表面的一层大气,集中了约75%的大气的质量和90%以上的水汽质量。对流层由于受到地面森林、湖泊、草原、海滩、山岭等不同地形的影响,受日光照射而引起的气温的变化,因而造成垂直方向和水平方向的风,即空气发生大量的对流现象,故称为"对流层"。

对流层的高度因纬度不同而不一样。在低纬度热带地区,对流层的高度为17—18千米;在中纬度温带地区,对流层的高度为10—12千米;在高纬度寒带地区,对流层的高度仅为8—9千米。

对流层有三个主要特征。

(1) 温度随着高度的增高而降低。平均每上升1000米,温度降低6 ℃。

(2) 在地球表面,不同纬度、不同地表状况、受热表面,受热不均。受热多的地方大气温度高,空气密度小,大气处于不稳定状态,容易发生空气的上升运动;而在相对冷的地方,气温低,空气密度大,容易发生空气的下沉运动。大气的这种上升和下沉运动,称为"对流运动"。不同纬度带因受热不均,对流运动所达高度也不一样,所以高纬度与低纬度之间对流层的高度也不一样。

(3)经常发生复杂而恶劣的天气现象。大气中的水汽几乎全部集中在对流层,由于对流运动,造成云、雨、雪、雹等天气现象。

对流层与人的关系最为密切,人类活动主要集中在对流层里,对流层的状况和异常现象的出现,都将影响到人类的生活。在科学技术飞速发展,工业高度发达的今天,人类对大气的影响也越来越显著。

❷ 平流层

在对流层以上,直到50千米的高度,是空气水平对流的大气中层——平流层。平流层的气温随着高度的增加而增加,这是由于该层的大气的热量主要来自臭氧对太阳紫外线的吸收。这一层,水分极少,天气总是晴朗的,气流也很平稳。所以,当喷气式飞机越过对流层进入平流层以后,不管下面是什么天气,这里仍是晴空万里,机舱安稳得使人感觉不出飞机在动。平流层的气流运动比对流层弱,所以,从表面上看起来显得比较平静,实际上那里的大气还是在不断地运动和变化,并能对对流层中的天气现象产生影响。

❸ 中间层

中间层又称"中层",是处于平流层和热层之间的大气层。中间层是指自平流层顶到85千米之间的大气层。中间层内因臭氧含量低,同时,能被氮、氧等直接吸收的太阳短波辐射已经大部分被上层大气所吸收,所以温度垂直递减率很大(温度随高度增加而降低到零下90 ℃),有空气的水平和垂直运动。流星就是在这一层出现的。

❹ 热/暖层

中间层顶,即85—500千米的大气层称为"暖层"或"热层"。从热层底部向上,大气温度迅速增加(白天可达1700 ℃,夜间约为200 ℃),达到温度梯度消失时的高度,即为热层顶。在强烈紫外线辐射和宇宙射线的作用下,暖层中部分大气处于高度电离状态,形成电离层。电离层的存在,对反射无线电波具有重要意义。极光一般发生在暖层顶部。

❺ 散逸层

散逸层又称"外层""逃逸层",是热层(暖层)以上的大气层,也是地球大气的最外层。散逸层空气极为稀薄,其密度几乎与太空密度相同,故又常称为"外大气层"。由于空气受地心引力极小,气体及微粒可以从这层飞出地球致力场进入太空。散逸层是人造卫星、空间站、火箭等航天器的运行空间。

(二)民航飞机的主要活动区域

根据对流层和平流层的特征,对流层的上部和平流层内应该是飞机的理想层次。由于对流层空气的对流运动十分显著,因此不利于飞机平稳飞行。但是,目前平流层还未被充分利用。首先,是因为随着高度的增加,空气逐渐稀薄,飞机对操纵的反应相对迟缓。这些缺陷只有通过飞机性能的提高才能解决。另外,由于行政区划的限制和空中管制的约束,多数中、短程飞行都被限制在较低的层级中。现代民航运输大部分使用的是喷气式客机,由于装有座舱环境控制系统,巡航高度通常在9000—12500米,位于对流层顶部或平流层底部。没有增压的飞机和小型的喷气飞机一般在7000米以下的对流层中飞行。超音速飞机和一些高速军用飞机,高度可以达到13500—18000米。

任务实施

1. 用经纬网定位,找出北京、上海、广州的经纬度。
2. 以小组为单位,讨论地球运动产生的地理意义。

任务评价

根据任务实施评分表,对任务实施的结果进行评价。

	考核内容	分值	自评分	教师评分	实得分
知识	认识地球的经度和纬度	20			
	掌握地球自转、公转及其影响	20			
能力	读取经纬度,判断某点的地理坐标	20			
	语言表达能力	20			
	分析总结正确	20			
	总分	100			

课后测试

1. 地球的自转带来了哪些自然现象?和航空运输飞行有什么关联?
2. 为什么民航飞机的客舱内没有配备降落伞?

任务二　熟悉影响飞行的气象因素

知识目标

1. 熟悉影响飞机起降的气象因素。
2. 熟悉影响飞机航行的气象因素。

技能目标

能够用所学知识分析不同气象因素对飞行构成的威胁。

任务导入

2018年8月28日中午,首都航空JD5759北京至澳门航班因遭遇风切变备降深圳机场,深圳机场跑道因此关闭3小时,部分航班不同程度延误。中国民航局通报显示,涉事航班为空中客车A320型飞机,机号B-6952,飞机上乘客及机组共166人。JD5759航班在深圳落地后,飞机前起落架2个轮胎全部缺失,飞机在跑道上紧急疏散旅客,撤离中5名旅客身体不适送医院检查。

请思考:

影响飞机飞行的主要气象因素有哪些?

教学内容

一、影响飞机起降的气象因素

(一)地面大风

风影响着飞机起飞和着陆的滑跑距离和时间,飞机起降时所能承受的最大风速,取决于机型和风与跑道的夹角。一般情况下,飞机都是逆风起飞,侧风不能过大,否则无法起降。航线飞行,顺风减少油耗,缩短飞行时间,顶风则相反。气象上,一般把地面风速大于12米/秒的风称为"大风"。航空上,对地面大风有更严格的规定,不同机型对应不同的最大风速允许值。表1-1中列出了几种飞机在不同风向所能承受的最大风速值,超过此值,则不能安全起降。通过表1-1可以看出,现代大型宽体飞机的抗风能力较强,而小型飞机的抗风能力较弱。

表1-1 几种机型起降的最大风速允许值

风与跑道的夹角	Y-5	Y-7、AN-24	B757、MD82
0°	15米/秒	25米/秒	25米/秒
45°	8米/秒	18米/秒	18米/秒
90°	6米/秒	12米/秒	15米/秒

地面大风时,往往产生乱流旋涡,从而影响飞机的稳定性,加大操纵难度。尤其是侧风起降,使机身倾斜,有时使翼尖擦地,造成事故,如图1-6所示。风速较强时,甚至对停放的飞机也造成很大的破坏。在一定条件下,地面大风伴有风沙、浮尘、扬沙、沙尘暴、强沙尘暴、吹雪等发生,致使地面的能见度降低,从而影响起降。

图1-6 飞机降落遭遇强风导致机身倾斜

(二) 低空风切变

风切变有各种分类。从位置上分,有高空风切变和低空风切变。低空风切变是指出现在600米以下的风矢量(风向、风速)在空中水平和(或)垂直距离上的变化现象。它严重影响飞机起飞和着陆的安全,不仅能使飞机的航行轨迹瞬间发生偏离,而且可能使飞机失去平衡,若驾驶员判断失误,或处置不当,就会发生很严重的后果。可以说,低空风切变是飞机看不见的"隐形杀手"。

低空风切变是在一定的天气背景和环境条件下形成的。雷暴、龙卷风等强对流天气极易引发强烈的低空风切变;锋面,特别是强冷锋及强冷锋后的大风区内往往存在严重的低空风切变。

风是存在于三维空间上的,大家通常所理解的风一般是水平方向上的风,其实还有垂直方向上的风,而切变本身也可以发生在三维空间上。所以,风切变又可以分为三种:水平风的水平切变;水平风的垂直切变;垂直风的切变。其中,对民航影响最大的就是垂直风切变。微下冲气流是垂直风切变的一种形式,就是一股很强的向下冲击的气流,其对着陆的影响如图1-7所示。

图1-7 垂直风切变对着陆的影响

微下冲气流对飞机的影响,主要在飞机起飞或者降落时。微下冲气流就像拧开水龙头让水流向下冲(此时是垂直风切变),接触到地面以后就要向四面八方辐散冲开(此时是水平风切变)。如果这时候有一片树叶向着水流过去,刚开始是水平方向的逆流而上,然后是被垂直方向的水流打击,之后又是水平方向的顺流而下,在这种情况下,树叶很容易偏离本来的方向,会变得很不稳定。而且,这一系列的过程非常短促,飞机在穿过微下冲气流时,陡然升高又快速下降,如果本身距离地面很近,就容易被拍在地面上。以目前飞机的性能来说,基本是无法抗拒微下冲气流的,所以最好的应对手段依然是——躲。

理论上来说,风切变是可以监测的。比如,2011年中科院安光所大气光学研究中心就有了风廓线雷达,可以监测风切变和"下击暴流"等,并以此来给机场提供预警服务。国外也早就有风切变监测仪。尽管如此,还是有因风切变而引起的空难事件不时发生,比如2009年日本成田国际机场的班机坠毁。

风切变的原因,大致可以分为三种。第一种是天气变化,比如雷暴等强对流天气发生时,就会产生强下沉气流;冷暖气团交汇时的锋面附近也会产生风切变。第二种是地理环境,比如在高大的山体附近,容易产生气流的切变。第三种是人为因素,比如前一架飞机起飞后产生的扰动乱流引发的风切变,如果间隔时间过短,可能对后一架飞机造成影响。例如,美国航空587号班机2001年11月12日从肯尼迪国际机场起飞后在纽约市贝尔港坠毁,总计265人罹难。据事后调查,就是因为前一架飞机起飞后1分46秒它就起飞,卷入了乱流之中,外加飞行员的不当操作,使飞机失控坠毁。

(三)低能见度

能见度是指具有正常视力的人,在当时的天气条件下,能够看清目标轮廓的最大距离。低能见度是指能见度在1000米以下,这种天气是导致飞机撞地事故的主要原因之一。飞机在低能见度条件下飞行,飞行员无法看清跑道和前下方障碍物的具体位置。此时,飞机进近、着陆容易出现飞行偏差;若偏差过大,飞行员仍然进行落地,常见的后果是擦发动机、擦翼尖或者偏出跑道。

低能见度主要由低云、降水、雾、风沙、霾、浮尘、吹雪等天气现象产生。

❶ 低云

低云(low-level clouds)通常称为"低云族",常指高度在2500米以下的云,个别地区有时将高度限为3500米。低云多由水滴组成,厚的或垂直发展旺盛的低云则是由水滴、过冷水滴、冰晶混合组成。云底高度一般在2500米以下,但又随季节、天气条件及不同的地理纬度而有变化。大部分低云都可能产生降水,雨层云常有连续性降水,积雨云多有阵性降水,有时降水量很大。低云族包括积云、积雨云、层积云、层云和雨层云5类。

1)积云

积云(cumulus)是由水滴组成,但有时可伴有冰晶,它主要是由空气对流上升冷却使水汽发生凝结而形成的,如图1-8所示。因此,积云的外形特征与空气对流运动的特点紧密相联。积云云底高度在湿度大的地区一般在600—1200米,在干燥的地区为3000米,积云底部清晨接近地面,在午后就会上升。积云一般在上午出现,午后最多,傍晚渐渐消散。

图1-8 积云

积云垂直向上发展的顶部呈圆弧形或圆拱形重叠凸起,而底部几乎是水平的云块,云体边界分明。如果积云和太阳处在相反的位置上,云的中部比隆起的边缘要明亮;反之,如果处在同一侧,云的中部显得黝黑但边缘带着鲜明的金黄色;如果光从旁边照映着积云,云体明暗就特别明显。

2) 积雨云

积雨云也叫"雷暴云",是积状云的一种,如图1-9所示。积雨云,云体浓厚而庞大,垂直发展极其旺盛,远看很像耸立的高山。云顶由冰晶组成,有白色毛丝般光泽的丝缕结构,常呈铁砧状或马鬃状,云底阴暗混乱,起伏明显,有时呈悬球状结构。

图1-9 积雨云

积雨云既可以产生于气团内部,也可以形成在锋面上。顶部开始冻结,轮廓模糊,有纤维结构,底部十分阴暗,常有雨幡及碎雨云。

积雨云内上升气流非常强烈,垂直速度可达20—30米/秒,最大可达60米/秒,比台风的风速还要大。在如此强烈的上升气流中,水滴不断增大,含水量也明显增大,局部地区每立方米可达10多克。如果水汽供应十分充足并源源不断,那么这种剧烈的上升气流也就托不住不断增大的水滴,于是水滴便会落下形成暴雨。

3）层积云

层积云属于低云族，云块一般较大，其薄厚或形状有很大差异，有条状、片状或团状，结构较松散，如图1-10所示。层积云外形看起来像积云，有时分散的云块会融合成一整片连续的云层，有时云块间有缝隙，看起来就像是"棉花糖机忘记了关闭开关"。无论是连续的还是有缝隙的，层积云的颜色都变化多端，而且云底一般有很清晰的轮廓，颜色从亮白至蓝灰。

图1-10　层积云

4）层云

层云属于低云族，云体均匀成层，呈灰色或灰白色，像雾，但不接地，经常笼罩山体和高层建筑。层云主要由小水滴构成，为水云，如图1-11所示。

图1-11　层云

在一定条件下，层云几乎能够达到地面。层云完全没有结构，它由细小的水珠组成。层云中往往会落下细雨或者细雪，但是不会下大雨。一般在风比较平静的气象条件下会形成层云。在气温非常低的状况下甚至可能出现光晕。

层云也有时降毛毛雨，冬季降小雪。云维持时间不长，约几小时。层云被风吹散或趋于消失时，常分裂成不规则的散片，称为"碎层云"。

5）雨层云

雨层云云底很低、漫无定形，云体均匀呈幕状，云层很厚，一般厚度为4000—5000米，能遮蔽日、月，呈暗灰色，云底经常出现碎雨云。雨层云覆盖范围很大，常常布满天空，如图1-12所示。

图1-12　雨层云

雨层云是锋面云系中最靠近锋线的云层，它的厚度最大，云底高度一般在1200米以下，云顶高度一般为6000—7000米，有时可达10000米以上。云厚常达4000—5000米。

2　降水

降水是指地面从大气中获得水汽凝结物，自然界中发生的雨、雪、露、霜、霰、雹等现象都属于降水的范畴。降水对飞机的影响主要体现在以下几个方面。

(1)降水强度越大，能见度越差。强降水会降低能见度，影响飞机起降，同时易使跑道积水，影响跑道的使用。处于着陆阶段低速飞行的飞机，在强降水中，发动机易熄火。强降水会恶化飞机的空气动力学性能，造成飞机操纵困难，甚至事故发生。

(2)飞机如果在过冷水滴的云层下飞行，会迅速结冰，危及安全。飞机积冰是指飞机机身表面一些部位产生冰层聚积的现象，主要是由云中或降水中的过冷却云滴或雨滴碰撞机身产生冻结而形成。较强的积冰多发生在云中温度0—10℃区域。飞机积冰会使其空气动力学性能恶化，表现为升力减小、阻力增大，不仅影响飞机的安定性和操纵性，还会对仪表和通信产生影响。飞机积冰是一种航空危险，如图1-13所示。

(3)飞机在积雨云中或在积雨云附近几千米范围内飞行时，有被雹击的危险，如图1-14所示。比如，2018年7月26日，由天津飞往海口的GS7865航班，在高度9800米郑州区域巡航时，绕飞雷雨区域时遭遇雹击，左右风挡外层被击裂，气象雷达被雹击后失效，最后备降武汉。

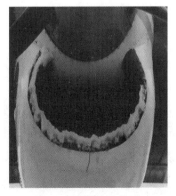

图1-13　发动机结冰

图1-14　飞机遭雹击

(4)飞机在大雨中降落时,大量雨水会被发动机吸入,如果风扇不能将雨水甩出而雨水流入燃烧室,会使燃烧室熄火,导致发动机熄火,严重威胁飞机的飞行安全。

(5)在地面,降水附着在跑道上,地面摩擦力减小,使操控困难,特别是跑道积雪、结冰时更为显著,在快速滑行或突然刹车时,飞机可能偏离跑道。

3 雾

大雾对民航的影响集中体现在飞机起降阶段。按能见度划分,雾可以分为以下几个等级:能见度1000—10000米为轻雾;能见度500—1000米为雾;能见度200—500米为大雾;能见度至50—200米为浓雾。航班在飞行途中,本就经常会进入云团,对能见度的要求不高,但如果机场受到大雾影响,能见度下降,就会导致航班难以安全滑行,处置不当极易造成飞行事故。

4 风沙

风沙除了造成恶劣能见度影响飞行外,由于漫天飞舞的沙粒使电磁波严重衰减,以及机体表面与小沙粒互相摩擦而产生的静电效应,还会使无线电通信受到严重干扰。大量的沙土进入发动机和机体内部,还会造成机件磨损、油路堵塞、导电不良等一系列机械故障或电气故障。

5 霾

霾与雾、云有所不同,其与晴空区之间没有明显的边界,其主要为空气中大气污染物粒子在大气环境中形成的气溶胶系统。一般颗粒物粒径范围为0.001—10微米,易使大气混浊、视野模糊,最终导致能见度恶化。当出现该状况时,空气中一般呈现黄色或橙灰色。

飞机在霾层中飞行时,四周常常朦胧一片,远处目标好像蒙上了一层淡蓝色的纱罩。霾天气造成的大面积能见度恶化,必将严重影响飞机的起飞和降落,从而导致航班延误或返航。

6 浮尘

浮尘对飞行的影响与霾相似,主要影响空中能见度。由于浮尘质点比霾大,主要散射长波光线,远处景物、日月常呈淡黄色。

7 吹雪

吹雪一般只影响飞机起落,雪暴则对所有目视航空活动都有很大影响。

(四)雷暴

雷暴是伴有雷击和闪电的局地对流性天气,常伴有强烈的阵雨或暴雨,有时伴有冰雹和龙卷风。雷暴云是一个"天气制造厂",雷雨是在强烈垂直发展的积雨云内所产生的一种天气现象,雷暴云中能产生各式各样的危及飞行安全的天气现象。强烈的湍流、积冰、闪电击(雷击)、雷雨、大风,有时还有冰雹、龙卷风、下冲气流和低空风切变,对飞机的起降影响极大。

强雷暴云产生的强烈阵风和强风切变,会使飞机失速、倾斜、严重偏离下滑道或者跑道,严重影响起飞、着陆及停场安全。雷暴引发的暴雨还会影响能见度。

现代飞机使用了大量的电子设备,特别是控制飞行状态的电子计算机,一旦被雷电影响,将造成严重的破坏,直接影响飞机正常航行。因此,雷暴区历来被视为"空中禁区",禁止飞机穿越。一般来说,只要有雷暴天气,飞机是不允许起飞的。

二、影响飞机航行的气象因素

(一)雷暴

雷暴目前被航空界公认为严重威胁飞行安全的敌人。要尽量避免在雷暴区飞行。夏季雷暴多,在云中飞行,遇到天气复杂多变,不仅要根据机载雷达来判断情况,同时要求地面气象雷达进行协助配合。当强雷暴云厚度达 7000 米以上时,会对航行产生巨大的威胁。

1 强烈的乱流会使飞机发生严重颠簸

在雷暴中飞行时,云中强烈的乱流会使飞机发生严重颠簸,使得飞行员操纵飞机困难,甚至暂时使飞机失去操纵,或者使飞机结构遭到破坏,造成机毁人亡的事故。

2 大量过冷水滴会使飞机发生积冰

飞机积冰是飞行安全中一个常见而且威胁很大的因素,多发生在飞机突出的迎风部位。积冰后,飞机的空气动力性能变坏,影响稳定性和操纵性。侧翼和尾翼结冰,易造成飞机的"失速";螺旋桨结冰,会使飞机失衡;皮托管和静压口结冰,会形成固态的阻碍物,使高度、空速、垂直速度及各种仪表发出错误的数据指示;天线积冰,可能引起天线折断,严重干扰雷达通信;燃油系统通气管积冰堵塞,会影响燃油的流动,导致发动机功率的下降;座舱积冰,会使目视飞行发生困难。

3 闪电能严重干扰无线电通信

闪电和强烈的雷暴电场能严重干扰中、短波无线电通信,甚至使通信联络暂时中断。

4 冰雹可能击穿飞机蒙皮

冰雹可能会对飞机的机翼、引擎等部位造成损坏,从而影响飞机的稳定性和安全性。当遇到冰雹时,飞行员通常会立即采取避让措施。

(二)湍流

飞机遇到湍流,就像汽车行驶在崎岖不平的道路上一样,产生振颤,上下抛掷,左右摇晃,造成操纵困难、仪表不准等现象,这就是飞机颠簸。轻度颠簸强烈时,飞行员全力操纵飞机,飞机仍会暂时失去操纵。当颠簸特别严重时,所产生较大过载因素(称过载),会造成飞机解体,严重危及飞机飞行安全。如 1958 年 10 月 17 日,一架图-104 客机在莫斯科附近

9000米高空突然遇到湍流，造成强烈颠簸，使机翼折断而失事。

（三）高空急流

高空急流是围绕地球的强而窄的气流。它集中在对流层上部或平流层中，其中心轴向是准水平的，具有强的水平切变和垂直切变，有一个或多个风速极大值，叫"急流带"。通常急流长几千千米，宽几百千米，厚几千米，风速垂直切变为5—10米/秒，水平切变为每100千米5米/秒。急流轴上风速的下限为30米/秒。

急流带位置和季节有很大的关系，在中国冬季靠南，夏季靠北，而且还受天气系统的影响，所以急流带的强度、高度以及位置都是随时在变化的。同一航路上飞行的飞机，即使时间相隔不多，可能有的航班会遇到急流，有的就遇不到。

高空急流往往伴随着强烈的湍流、风切变，很容易引起中度和重度颠簸，这也是高空急流对飞行最大的威胁。急流区有两个显著特点：一是风速大，二是风切变强。由于急流区风速大，顺急流飞行时，地速增大，可以节省燃料，缩短航时或增加航程，但应避开风切变等不利因素。逆急流飞行则相反，故应避开急流区，选择最小风速区域飞行。横穿急流时，会产生很大的偏流，对领航计算和保持航线有较大的影响。

任务实施

请每位学生收集特殊天气对航班影响的资料，针对影响航空飞行和起降的某个重要天气因素，写一篇书面报告或在课堂上进行讨论、发言。

任务评价

根据任务实施评分表，对任务实施的结果进行评价。

	考核内容	分值	自评分	教师评分	实得分
知识	掌握影响飞机起降的气象因素	25			
	掌握影响飞机航行的气象因素	25			
能力	结合案例分析不同气象因素对飞行造成的威胁	25			
	调查报告或讨论发言结构完整，分析合理、正确	25			
	总分	100			

课后测试

1. 影响飞机起降和飞行的气象因素有哪些？
2. 对于广州、上海、北京、成都4个不同的空港城市，影响其飞机飞行和起降的主要因素有何区别？它们在不同的季节里有何变化？

任务三　掌握时差与飞行时间的计算

知识目标

1. 了解时差产生的原因。
2. 掌握地方时间、理论区时、当地标准时和格林尼治时间。

技能目标

1. 能够运用所学知识,熟练使用国际时间换算表。
2. 能够熟练计算飞行时间。

任务导入

北京某校学生在新疆研学旅行时,发现当地学生的作息时间和他们有很大的差异。以下为北京、新疆两地学生作息时间表。

课程	北京	新疆
第1节	8:00—8:45	9:50—10:35
第2节	8:55—9:40	10:45—11:30
第3节	10:10—10:55	12:00—12:45
第4节	11:05—11:50	12:55—13:40
午休		
第5节	14:00—14:45	15:50—16:35
第6节	14:55—15:40	16:45—17:30
第7节	16:10—16:55	17:50—18:35

请思考:
导致北京和新疆学生作息时间差异明显的主要原因是什么?

教学内容

一、时差的产生及相关概念

时差是指两个地区地方时之间的差别。

（一）地方时间

地方时包括地方恒星时、地方视时和地方平时。地理学中所说的地方时通常指的是地方平时。平常我们在钟表上所看到的"几点几分"，习惯上就称为"时间"，但严格说来，应当称为"时刻"。某一地区具体时刻的规定，与该地区的地理纬度存在一定关系。

随着地球的自转，一天中太阳东升西落，太阳经过某地天空的最高点时为此地的正午12时，以此前后各推12小时，构成一天的24小时，这个时间系统为地方时间，简称"地方时"。因此，不同经线上具有不同的地方时。经度每隔15°，地方时相差1小时；经度相差1°，地方时相差4分钟。

地方时计算公式：

$$所求地方时 = 已知地方时 \pm 4分钟/度 \times 经度差（东加西减）$$

其中，所求地在东，"±"号取"＋"号，反之取"－"号。

（二）理论区时

由于地球照射地球的位置不同，因此地球上的每一条经线都有与其对应的地方时，经度上的微小差别，都能造成时间上的差别。这么多的时间会给人们的生活、交通、工作和生活等带来很多不便，为了解决这个问题，出现了区时的概念。

1884年，在华盛顿召开的国际经度学术会议上，规定以本初子午线（0°经线）为标准，把西经7.5°到东经7.5°作为中时区（0时区），从中时区开始向东和向西每15个经度划分为一个时区，分别划了12个时区。这样，全球被划分为24个时区。其中，东12区和西12区各跨经度7.5°，合为一个时区，称作东西12区。

各时区统一使用本时区中央经线的地方时间作为全区共同使用的时间就叫"区时"。时刻为东早西晚，相邻两时区的区时相差1小时。

区时计算公式：

$$所求区时 = 已知区时 \pm 时区差（东加西减）$$

（三）标准时

时区界线原则上按照地理经线划分。但在具体实施中，为了便于使用，往往根据各国的政区界线或自然界线来确定。目前，多数国家都采用以时区为单位的标准时，并与格林尼治时间保持相差整小时数，有的国家根据自己的实际情况而采用半小时制，如印度等。绝大部分国家只有一个标准时，多采用这个国家东部时区的区时，少数大国有两个或两个

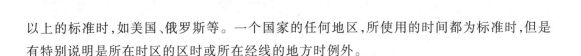

以上的标准时,如美国、俄罗斯等。一个国家的任何地区,所使用的时间都为标准时,但是有特别说明是所在时区的区时或所在经线的地方时例外。

(四)格林尼治时间

格林尼治标准时间(Greenwich Mean Time,GMT),也译作格林威治平均时间或格林威治标准时间,是指位于英国伦敦郊区的皇家格林尼治天文台的标准时间,因为本初子午线被定义在通过那里的经线。

地球每天的自转是有些不规则的,而且正在缓慢减速。所以,格林尼治时间已经不再被作为标准时间使用。标准时间、协调世界时(UTC)由原子钟提供。自1924年2月5日开始,格林尼治天文台每隔一个小时会向全世界发放调时信息。

(五)北京时间

中国东西横跨5个时区,国家规定全国采用首都北京所在的东8区的区时作为统一使用的时间,这就是"北京时间"。但是新疆例外,仍用东6区区时,比北京时间慢2小时,所以乌鲁木齐市民一般在北京时间上午10点才上班,下午2点吃午饭,晚饭则一般晚上八九点才开始。

北京时间实际上并不是北京所在经度的地方时,而是北京所处的东8区的区时,即东经120°的地方时,这就是我国的标准时。

(六)夏令时

夏令时(Daylight Saving Time,DST),也叫"夏时制",又称"日光节约时制""夏令时间",是一种为节约能源而人为规定地方时间的制度,在这一制度实行期间所采用的统一时间称为"夏令时"。一般在天亮早的夏季人为将时间调快1小时,可以使人早起早睡,减少照明量,以充分利用光照资源,从而节约照明用电。各个采纳夏时制的国家具体规定不同。全世界有近110个国家每年要实行夏令时。

(七)日界线

国际日期变更线是人为规定的一条日界线,大致和180°经线重合。因为地球是一个不停转动的球体,昼夜在不断地交替,为了避免地球上的日期混乱,人为地规定了一个日期的结束位置,便于人们精确地标记时间。

实际上,"日界线"并不是一条直线,而是折线,拐弯的位置大致有3处:第一处在俄罗斯东部,即白令海峡;第二处在美国的阿拉斯加州的阿留申群岛;第三处在南太平洋,向东突出,让斐济群岛等属于东12区(即"日界线"的西部)。这样,"日界线"就不再穿过任何国家,避免在一个国家中同时存在着两种日期的情况。同时,这条线上的子夜,即地方时间零点,为日期的分界时间。凡越过这条变更线时,日期都要发生变化:从东向西越过这条界线时,日期要增加一天;从西向东越过这条界线时,日期要减去一天,如图1-15所示。

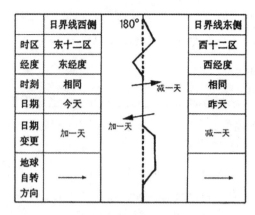

图 1-15 国际日期变更线

二、时差及飞行时间的计算

飞行时差反应是指因在短时间内穿越多个时区而导致的睡眠模式和其他生理功能节律(身体生物钟)失调。飞行时差反应的负面影响通常由脱水、疲劳和紧张等症状混合在一起,而且还会导致消化不良、感觉不适、失眠和身心反应迟钝。所以,一般在长距离国际航线飞行时,乘务人员会帮助乘客调整时差,比如会把座舱灯光调暗等,来营造良好的睡眠气氛。

(一) 时差的计算

在航空旅行中,我们经常会碰到时差换算的问题。通常用OAG国际时间换算表进行当地时间和世界标准时间的换算。GMT是英国伦敦格林尼治天文台采用的地方时,即本初子午线上的地方时间。

当地时间和GMT的关系在换算表中用GMT加或减的数字来表示。以中时区向东时区为正数,向西的时区为负数。例如:

$$当地时间 = GMT \pm 某一数值$$

当地时间表示为GMT+1:表示当地时间比标准时快1小时。

当地时间表示为GMT-1:表示当地时间比标准时慢1小时。

国际时间换算表中公布了各国或联邦州的当地时间和标准时的关系。另外,以0°经线和180°经线为中央经线的中时区和东西12时区,也能查出各当地时间与标准时的关系。例如,北京在东8区(+8),即北京的当地时间为GMT+8;纽约在西5区,即纽约的当地时间为GMT-5。

当地时间和标准时的换算非常有规律。利用OAG国际时间换算表换算时间,简单方便,是运输业务中常用的方法。

例1:当委内瑞拉加拉加斯(Caracas)的当地时间为08:00时,求泰国曼谷(Bangkok)的当地时间。

在换算表中,委内瑞拉的当地时间表示为GMT－4,泰国的当地时间表示为GMT＋7。我们可以列出关系式:

$$加拉加斯的当地时间＝GMT－4$$
$$曼谷的当地时间＝GMT＋7$$

则当加拉加斯的当地时间为08:00时,标准时为12:00,泰国曼谷的当地时间为19:00。

例2:当世界标准时是12:00时,求马来西亚吉隆坡(Kuala Lumpur)的当地时间。

在换算表中,马来西亚的当地时间表示为GMT＋8,因此:

$$吉隆坡的当地时间＝GMT＋8$$

则当GMT为12:00时,马来西亚吉隆坡当地时间为20:00。

例3:当标准时是12:00时,求厄瓜多尔基多(Quito)的当地时间。

厄瓜多尔除科隆群岛外,当地时间是GMT－5,因此:

$$基多的当地时间＝GMT－5$$

则当GMT为12:00时,厄瓜多尔基多的当地时间为07:00。

(二)飞行时间的计算

在国际航班时刻表上,所有航班时刻都分别以始发地和目的地的当地时间来表示,在计算航班飞行小时时,一般分为三个步骤。下面通过例题来说明计算步骤。

例:某人乘飞机从北京去华盛顿。1月28日乘国航班机从北京(BJS)启程,北京时间是9:44。到达华盛顿(WAS)时,当地时间为1月28日15:30。求这个人在途中经历了多少时间?

第一步:从国际时刻换算表中找出始发站和目的站的标准时间。

$$北京的当地时间＝GMT＋8$$
$$华盛顿的当地时间＝GMT－5$$

第二步:将起飞和到达的当地时间换算成世界标准时(GMT)。

$$北京时间9:44－8(GMT)＝GMT\ 1:44$$
$$华盛顿时间15:30＋5(GMT)＝GMT\ 20:30$$

第三步:用到达时间减去起飞时间,即飞行时间。

$$20:30－1:44＝18:46(18小时46分钟)$$

因此,这个人在途中经历了18小时46分钟。

任务实施

请分组在地图上查找柏林、东京、莫斯科、首尔、纽约、开罗的时区,巩固所学,说说时区向右是加还是减,并计算各个城市之间相差几个时区。

任务评价

根据任务实施评分表,对任务实施的结果进行评价。

	考核内容	分值	自评分	教师评分	实得分
知识	掌握时差的原因及相关知识	25			
	掌握时差与飞行时间的计算	25			
能力	结合所学知识准确判断所给城市的所在时区、相邻区时的相差经度	25			
	根据OAG国际时间换算表准确计算出所出题目中温哥华的当地时间	25			
	总分	100			

课后测试

1. 我国访美代表团要在10月1日8:00前从纽约乘专机赶回北京参加国庆活动,如果飞行时间为14小时30分,如何紧凑地安排飞机的起飞时刻?

2. 已知GMT为7月10日12:00,伊拉克巴格达(Baghdad)的当地时间是几点?

项目综合测试

项目二　航空运输布局构成元素

总述

飞行器在地球大气层内的航行活动为航空。气球、飞艇是利用空气的浮力在大气层内飞行，飞机则是利用与空气相互作用产生的空气动力在大气层内飞行。飞机上的发动机依靠飞机携带的燃料(汽油)和大气中的氧气工作。航空与航天是20世纪人类认识和改造自然进程中极为活跃、极具影响的科学技术领域，也是人类文明高度发展的重要标志。本项目中，我们将学习航空布局构成元素的基本知识。

任务一　了解航线的基本知识

知识目标

1. 了解航线的定义及分类。
2. 掌握航线网络的构成。
3. 了解我国航线发展史，提高学生的民族自信心。

技能目标

可以根据所学知识，判断航线所属类型。

任务导入

中国航空大事件

1909年9月，中国第一架飞机——由冯如制造并驾驶在美国的奥克兰市郊区试飞成功。

1913年9月，中国第一所航空学校——南苑航空学校成立。

1930年3月，国民党空军一架飞机迷航，迫降于鄂豫皖边区，被当地赤卫队俘获；后转到新集，成为中国共产党拥有的第一架飞机，命名为"列宁"号，飞行员龙文光参加红军。

1945年9月，东北民主联军受降日本关东军第四飞行队，共300余人、日式飞机46架。以此为基础，成立了东北民主联军航空队。

1949年10月,人民解放军第一个飞行中队的17架飞机,从南苑机场起飞,通过天安门上空,接受党和国家领导人的检阅。

1949年11月,中国人民解放军空军领导机构在北京成立。刘亚楼任司令员、萧华(肖华)任政治委员兼政治部主任。

1950年10月至12月,人民空军第二、三、四批部队共17个航空兵师先后在各地成立。

1951年1月21日,志愿军空军在抗美援朝作战中首次与美机空战,大队长李汉击伤美F-84型飞机1架。1月29日,李汉在空战中又击落击伤F-84型飞机各1架。这是志愿军空军首次击落美机。

1952年3月,中华人民共和国培养的第一批女飞行员,驾驶6架里-2型运输机从北京西郊机场起飞,通过天安门上空,向首都人民汇报表演。

1956年5月,空军3架伊尔-12型运输机、民航1架CV-240型运输机,试航北京—玉树(成都)—拉萨航线成功。

1956年9月,沈阳飞机厂试制成功中国第一架喷气式歼击机歼-5,并获批准批量生产。

1958年7月,中国自行设计制造的歼教-1型喷气式教练机在沈阳首飞成功。

1959年9月,由沈阳飞机厂制造的歼-6歼击机首飞成功。

1966年1月,国产歼-7型飞机首次试飞成功并于12月定型投入批量生产。

1972年1月,南昌飞机厂改装强-5型核武器运载机,由空军航空兵第五师杨国祥成功进行了核弹试投。

1979年12月,中华人民共和国自行研制的歼-8型高空高速歼击机设计定型。1980年12月交付空军试用,1981年开始装备空军部队。

1991年12月,歼8-Ⅱ受油机与轰-6型加油机首次空中对接加油成功。

1995年4月,中国第一架超音速无人驾驶飞机首次飞行成功。

1998年3月,国产歼-10型飞机首次试飞成功。

1999年10月1日,中华人民共和国成立50周年空中阅兵,共有歼击机、强击机、歼击轰炸机、轰炸机、加受油机、新型歼击机、武装直升机7个机种132架组成10个梯队,通过天安门上空接受检阅。

1999年12月,国产歼-11A型飞机首次试飞成功。

2007年7月27日至8月22日,空军部分兵力赴俄罗斯参加了上海合作组织成员国武装力量联合反恐军事演习。

教学内容

一、航线的定义

航线,即连接两个或多个地点,进行定期或不定期飞行,并且对外经营运输业务的航空交通线。

二、航线的分类

按照飞行的起讫点和经停点的位置不同,可以将航线分为国际航线、国内航线和地区航线。

(一)国际航线

国际航线,即航线的起讫点、经停点不在同一国境内的航线。

(二)国内航线

国内航线,即航线的起讫点、经停点均在一国境内的航线。国内航线还可以分为干线和支线。

国内干线:连接首都与各省大城市及各省大城市间的航线,如北京—广州航线。

国内支线:大城市向中小城市辐射的航线,如长沙—张家界航线。

(三)地区航线

地区航线,即起讫点、经停点中有一点在国内特殊地区的航线。例如,我国大陆地区往返香港、澳门、台湾之间的航线。

三、航线网络的构成

在航空运输市场上,航线网络有下面三种结构形式。

(一)城市对式

城市对式(City Pair)是指两点间的直飞航线,它是航空运输网络中的基本单元结构,也是我国目前采用的主要形式。

(二)城市串式

城市串式是指航线连接多个城市的结构形式。这种航线由若干航段组成,航班在途中经停补充客货源,弥补航线各航段之间的运量不足,提高飞机的利用率和客座率,在运力紧张时也可以起到缓解航线运力紧张的作用。

(三)中枢辐射式

中枢辐射式(Hub and Spoke)也叫"轮辐式",是由城市对式航线和中心机场的辐射航线共同构成。中枢辐射式是目前较为成熟的网络结构,只有当航线网络发展到一定的规模的时候才形成。目前,全球前20位的机场全部都是中枢机场。中枢辐射式航线网络在中枢机场之间采用城市对式的干线直飞,再以每个中枢机场为中转站建立向中小城市辐射的支线航线。把客流量较小的中小城市的客货运送到中枢机场,通过中枢机场进行客货中转,实现相互之间的空中联结。

采用中枢辐射式航线网络的优点如下。

❶ 更好地适应市场的需求

在中枢机场之间建立干线,采用大中型飞机;在中枢机场和中小城市之间建立辐射式支线,一般采用中小型飞机。这样可以保证干线和支线都有较高的航班密度和运力。

❷ 使空运网络衔接畅通

在中枢航线结构中,干线与辐射式支线连通后,所有网络内的航站之间均可通航,使城市之间的空中联络更为畅通。干线与支线有机地连接在一起,机型与航线相匹配,能使航空公司的运营效率提高、运营成本降低,从而降低票价,进一步刺激市场需求。

❸ 有利于航空公司提高运营效率,提高飞机的利用率、客座率和载运率,降低运营成本

中枢航线结构的建立,可以将小型机场之间直飞航线上的空运量转移到干线上来,从而提高干线的客座率和载运率。原来吞吐量较少的机场改用小型飞机运营,通过支线与中枢机场连接,避免在运量较少的机场之间采用大中型飞机而造成运力浪费。

❹ 有利于机场提高经营效益

中枢航线结构的建立,使得中枢机场能够发挥规模经济效应。所以,中枢辐射式航线结构的建立和成功运营,能提高航空公司和机场的经营效益,促进航空运输业的发展,并有效带动地区经济的发展和繁荣。

航空运输布局的三大要素是航线、机场和运力。运力配置是随基地机场和运营航线的状况而定的,因此,航空运输布局的状况基本上取决于机场布局和航空网络的结构形式。而机场一旦建成,短期内不可能发生变化,对于航空运输布局能否达到资源的优化配置,航线网络采取何种结构形式是一个非常关键的因素。

任务实施

2021年11月11日,民航局再发熔断指令,对德国汉莎航空公司LH728航班(法兰克福至上海)、新加坡酷虎航空有限公司TR116航班(新加坡至郑州)、TR120航班(新加坡至武汉)、埃及航空公司MS953航班(开罗至杭州)、俄罗斯航空公司SU208航班(莫斯科至上海)、阿联酋航空公司EK362航班(迪拜至广州)实施熔断措施。

德国汉莎航空公司10月26日入境的LH728航班(法兰克福至上海)因为疫情,自11月15日起,暂停该航班(周二入境)运行2班。

同样的原因,新加坡酷虎航空有限公司10月26日入境的TR116航班(新加坡至郑州)自11月22日起,继续暂停TR138航班(新加坡至天津)运行2班;该公司10月28日入境的

TR120航班(新加坡至武汉)自11月15日起,继续暂停TR180航班运行2班。埃及航空公司10月27日入境的MS953航班(开罗至杭州)自11月15日起,暂停该航班运行2班。俄罗斯航空公司10月29日入境的SU208航班(莫斯科至上海)自11月1日起暂停运行2班,自11月29日起,继续暂停该航班运行2班。阿联酋航空公司10月30日入境的EK362航班(迪拜至广州)自12月6日起,继续暂停该航班运行2班。

民航局要求,上述航空公司要做好后续航班旅客安抚和机票退改等服务工作。

请思考:

疫情对全球航线运行的影响有哪些?

任务评价

根据任务实施评分表,对任务实施的结果进行评价。

	考核内容	分值	自评分	教师评分	实得分
能力	结合案例总结疫情对航线运输市场的影响	40			
	语言表达能力	30			
	分析总结正确	30			
	总分	100			

课后测试

1. 航线的定义是什么?
2. 航线怎样分类?
3. 航线网络是怎样构成的?

任务二 熟悉机场(航空港)的基本知识

知识目标

1. 了解机场(航空港)的概念及组成。
2. 了解机场的分类。
3. 掌握机场的三字代码。
4. 了解世界及中国机场分布,培养学生的爱国情怀。

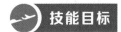 **技能目标**

能够熟练识别各机场的三字代码。

 **任务导入**

中国的第一个机场

我国境内第一个机场是在清朝末年的时候建造的,也就是南苑机场。北京南苑机场创建于1910年,位于北京丰台。该机场为军民合用机场,只对中国联合航空公司和中国东方航空公司开放,同时也是中国联合航空公司的主运营基地。北京南苑机场距离市区(南四环)3千米,距离天安门广场13千米,拥有一座年处理120万人次的航站楼,机场飞行区等级为4D。

要追溯南苑机场的身世,首先便得弄明白"南苑"这一地名的由来。所谓"南苑"者,城南之苑也。对北京地名略有了解的人大都知道,除了"南苑",还有"西苑""北苑",此外还有"东苑"。"苑",指的是古代的皇家园林,养禽兽、植苗木,专供帝王游乐马牧之用。南苑能成苑,拜北京南郊地理环境所赐。北京南郊地势低平开阔,古永定河从此流过,孕育出数个湖泊沼泽,水草丰茂,动植物多聚于此,使得辽、金、元等朝的帝王频频来此渔猎。

明朝朱棣迁都北京后,也相中了这块宝地。他将湖沼周边的居民尽数迁出,扩建殿堂官室,并在四周修围墙120里(60千米),谓之"南海子",又称"南苑"。

1986年,中国联合航空有限公司成立后,南苑机场成为军民两用飞机场,是中国联合航空公司的主运营基地。

2002年11月至2005年10月,老中联航停运,南苑机场停止对公众开放。

教学内容

一、机场的概念及组成

机场也称为"航空港",是供飞行器起飞、降落和地面活动而划定的地域或水域,包括域内的各种建筑物和设备装置。

机场一般由飞行区、航站区(客货服务区)和延伸区构成。

(一)飞行区

飞行区是机场内供飞机起飞、着陆、滑行和停放的区域及其上空对应所需净空区域。飞行区包括跑道、升降带、跑道端安全区、停止道、净空道、滑行道、机坪以及机场净空,还包括一些为维修服务和空中交通管制服务的设施和场地,如机库、塔台、救援中心等。

(二)航站区

航站区是指机场内办理航空客货运输业务和供旅客、货物地面运转服务的区域,主要指航站楼及其配套的交通设施设备。

(三)延伸区

延伸区是机场航空服务相关产生的区域。延伸区包括飞机维修区、油库区、航空食品加工、航空公司和机场单位办公区、生活区等。有的城市经济很发达,还衍生出空港经济开发区、空港物流区等。

二、机场分类

(一)按用途

按照用途,机场可以分为军用机场、民用机场和军民合用机场。本书介绍的机场主要是提供公共运输的民用机场。

(二)按机场所依托的城市类型

根据机场所依托的城市类型,还可以将机场分为政治外交型、经济贸易型、航空枢纽型、旅游型。

(三)按飞行区的技术等级

机场还可以按照飞行区的技术等级进行划分。根据中国的《民用机场飞行区技术标准》,对机场的飞行区可以按照指标Ⅰ和指标Ⅱ进行分级。

1 指标Ⅰ

飞行区指标Ⅰ按拟使用该飞行区跑道的各类飞机中最长的基准飞行场地长度,分为1、2、3、4四个等级。飞机基准飞行场地长度是指飞机以核定的最大起飞质量,在海平面、标准大气条件、无风和跑道纵坡为零的条件下起飞所需的最小场地长度。

2 指标Ⅱ

飞行区指标Ⅱ按拟使用该飞行区跑道的各类飞机中的最大翼展或最大主起落架外轮外侧边的间距,分为A、B、C、D、E、F六个等级,两者中取其较高要求的等级。

两类指标等级划分如表2-1所示。

表 2-1　飞行区技术等级分类

飞行区指标Ⅰ	飞机基准飞行场地长度（L/米）	飞行区指标Ⅱ	翼展（WS/米）	主起落架外轮外侧边间距（T/米）
1	L	A	WS	T
2	800≤L	B	15≤WS	4.5≤T
3	1200≤L	C	24≤WS	6≤T
4	L≥1800	D	36≤WS	9≤T
注：机场飞行区指标Ⅰ和Ⅱ一般连用表示如4F、3C、1B		E	52≤WS	
		F	65≤WS	14≤T

截至2020年,我国民用航空运输机场共有241座（不含中国港澳台地区）。其中,13座4F级机场（飞行区等级）,38座4E级机场,38座4D级机场,147座4C级机场,4座3C级机场,1座1B级机场。

（四）按机场跑道的海拔高度

根据机场跑道的海拔高度,机场可以分为非高原机场和高原机场,超过1524米（5000英尺）的机场称为"高原机场"。高原机场又可分为一般高原机场和高高原机场,其中海拔超过2438.4米（8000英尺）的称为"高高原机场"。这两类机场海拔高,空气密度和大气压力小,地形复杂,太阳辐射和向背阳地形受热不均匀,这些因素导致其运行需要经过特殊改装和重新审定。

我国地形地貌复杂,加之世界屋脊青藏高原的存在,因此,我国是世界上拥有高原机场最多的国家,有一般高原机场14座,高高原机场18座。

三、机场的三字代码

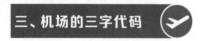

（一）三字代码的由来

航空公司三字代码,即国际民航组织（International Civil Aviation Organization,ICAO）为全球各航空公司指定的三个字母的代码。在航空运输的生产实践中,经常会使用三个字母来表示城市或者机场,一般由航班代码的三个首字母组成,这些代码从1987年开始发布。比如,国航的ICAO代码为CCA,南航是CSN,东航是CES。空管的雷达上显示的就是ICAO代码。

航空公司一般会有一个二字代码和三字代码。二字代码会做航班号等用处。而三字代码则是航空公司内部工作人员和空管在使用的代码。三字代码的英文是ICAO。另外,国际民航组织或机场四字代码的简称也是ICAO,注意不要混淆它们。

（二）城市三字代码和机场三字代码

三字代码一般按照城市英文名称来制定，如巴黎（Paris）城市三字代码为 PAR、华盛顿（Washington）城市三字代码为 WAS、新加坡（Singapore）城市三字代码为 SIN。

中国城市的三字代码一般按照城市的英译名称命名，如上海英译为 Shanghai，其城市三字代码为 SHA。不过有些城市的英文名现已发生改变，但是还是按照惯例沿用之前的名字。比如，北京原来的英文名是 Peking，所以代码是 PEK；成都原英文名为 Chengtu，代码为 CTU；而广州原来的英文名称为 Canton，所以广州的城市代码为 CAN。

大部分城市机场的代码也是城市的代码，如广州城市代码 CAN，广州白云国际机场的代码也是 CAN；三亚凤凰国际机场的代码 SYX，也是三亚市的城市三字代码。但是，如果一个城市有多个机场，那么机场代码和城市代码可能不一样。例如，上海有两个机场，SHA 既是上海的城市代码，又是上海虹桥国际机场的代码，PVG 是上海浦东国际机场的代码；北京的原城市代码是 PEK（现为 BJS），又是北京首都国际机场的代码，而北京南苑机场是 NAY。一个城市有多个机场的情况在国际上的大城市非常常见，如纽约城市代码是 NYC，纽约三大民用机场，其中，肯尼迪国际机场代码是 JFK，拉瓜迪亚机场代码是 LGA，纽瓦克自由国际机场代码是 EWR。

区分城市代码和机场代码的原因在于两种代码在民航运输生产中的作用不一样。城市代码常用于客货运输服务的运价计算中，两个城市间的航空运费不会因为使用机场不同而改变。机场三字代码则常用于点到点的航空运输中，如旅客的客票登机牌上始发地和目的地就必须具体到机场，必须使用机场代码。民航运输中，大部分情况下使用的是机场代码。

任务实施

请分组（以 3—5 人为一组）调查我国各大主要机场的飞行区技术等级及其对应起降的机型，并撰写调查报告。

任务评价

根据任务实施评分表，对任务实施的结果进行评价。

	考核内容	分值	自评分	教师评分	实得分
能力	结合本任务所学知识，对机场进行分类	40			
	语言表达能力	30			
	分析总结正确	30			
	总分	100			

1. 机场的定义及其构成是怎样的？
2. 机场是怎样分类的？
3. 描述三字代码的由来及城市三字代码和机场三字代码。

任务三　熟悉航空公司的基本知识

1. 了解航空公司的概念。
2. 掌握重要航空公司的代码。
3. 熟悉航空公司运力经济技术指标。
4. 了解我国航空公司现状，培养学生的安全意识。

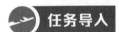

能够熟练识别各航空公司二字代码。

任务导入

了不起的"中国机长"

2018年5月14日，搭载119名乘客的四川航空公司3U8633航班由重庆飞往拉萨。飞行半小时后，航班进入成都区域巡航阶段。突然，在没有任何征兆的情况下，随着"哄"的一声巨响，驾驶舱右座前挡风玻璃爆裂脱落，这让曾担任多年空军第二飞行学院教员的机长刘传健顿时心里一惊。舱内瞬间失压，驾驶舱物品全都飞了起来，许多设备出现故障，坐在副驾驶位的徐瑞辰瞬间被强风"吸住"，半个身子探出了飞机。他此时正穿着还是短袖的工作服，就这样直接暴露在32000英尺（1英尺≈0.3048米）的高空内，被寒风与安全带同时拉扯。驾驶舱失压，舱内气温迅速降到零下40多摄氏度，多数仪器直接失灵，3U8633航班于7:10发出了"7700"紧急求助信号后，从9400米急速下降到7200米，暂时与地面失去了联系。

此时的刘传健清晰地明白，若想安全着陆，必须备降成都。但在自动驾驶完全失灵、仪表盘损坏,以及无法得知飞行数据的情况下,如何确定方向、航向、返航机场的位置等问题,成了对机组人员最大的考验。而此时刘传健面对的,不仅是极致的低温,还有剧烈的震动、瞬间低压带去的不适,以及巨大的噪音。

同样承受着巨大压力的,还有客舱的乘务组。意外发生时,乘务员正在为旅客分发早餐。可飞机最高达到每秒钟51米的急速下降导致客舱突然断电,原本明亮的客舱骤然变暗。同时,飞机开始剧烈抖动,刚刚分发的餐食不断从小桌板掉到地上,从来只在逃生指南视频里见到的氧气面罩,突然从头顶掉了下来。客舱顿时产生了慌乱。面对突然的变化,乘务员并没有解释,也没有表现出慌乱,只是反复说:"请大家在原位上坐好,戴好氧气面罩,请相信我们,我们有信心、有能力带大家备降地面。"若不能稳定住乘客的情绪,骚乱的乘客冲向驾驶室,则会对驾驶舱内的机组人员产生影响,后果不堪设想。

此时此刻,四川3U8633航班的乘务员展现了自身极强的心理素质和专业素养,危机面前,对其他机组人员给予了足够的信任。幸运的是,机长刘传健没有辜负这份信任。飞行此航线超过100次的他凭借全人工操作,为避免整个机组进一步受到伤害,分两次采取了减速迫降。在其他自动设备都不能提供帮助的情况下,完全凭手动和目视,靠毅力掌握方向杆,完成了返航迫降。

全程,刘传健的身体在驾驶舱低温、狂风和低压的状态下,发出了非常大的抖动,瞬间失压和低温让他非常难受,每一个动作都非常困难。"你要知道,当时飞机的速度是八九百千米(每小时),又在那么高的高度。我给你打个比喻:如果你在零下四五摄氏度的哈尔滨大街上,开车以200千米的时速狂奔,你把手伸出窗外,你能做什么?"事后,刘传健在面对《成都商报》的记者采访时,曾这样表示。但在整个操作的过程中,刘传健没有出现任何失误。最终,飞机于2018年5月14日7:46安全备降成都双流国际机场,所有乘客平安落地。

(摘自:《成都商报》)

✈ 教学内容

一、航空公司的概念 ✈

航空公司(Airlines)是以各种航空器为运输工具,为乘客和货主提供民用航空运输服务的企业。在航空运输中经常会看到用字母或者数字代码来代表航空公司。

二、重要航空公司的代码 ✈

(一)航空公司IATA二字代码

国际航空运输协会为全球各航空公司编制了两个字母的代码,每个航空公司的二字代码都是唯一的。二字代码在航空运输中使用广泛,比如用于航班预约、时刻表、票务、征税、航空提单、公开发布的日程表和航空公司之间的无线电通信,同时也用于航线申请。

(二) 航空公司 IATA 数字代码

国际航空运输协会(IATA)除了为全球各航空公司制定二字英文代码外,还制定由三个数字构成的数字代码,用于航空票证的结算,例如,999(国航)、784(南航)、781(东航)、880(海航)。数字代码是组成客票票号、货物单号的一部分。

(三) 航空公司 ICAO 三字代码

ICAO 三字代码是由国际民用航空组织(ICAO)制定,由三个字母构成的航空公司正式代码。例如,CES(东航)、ANA(全日空)。

三、航空公司运力经济技术指标

"运力"在这里是航空运输能力的简称,相应区域内的航空运输能力与航空公司机群的地域配置、机队的规模、飞机的性能、投入网线使用的状况等相关。运力的直接影响是市场的需求,实际运营中,运力与区域机场、航线网络的情况紧密相连。

(一) 客/货运量

客/货运量指在一定时期内,各种运输工具实际运送的旅客/货物的数量。客运按人计算,货运按吨计算。旅客不论行程远近或票价高低,均按一人一次客运量统计;半价票、儿童票也按一人统计。货物不论运输距离长短、货物类别,均按实际重量统计。2022年,全行业完成货邮周转量254.10亿吨公里,比2021年下降8.7%。国内航线完成货邮周转量52.30亿吨公里,比2021年下降25.9%。其中,港澳台航线完成1.73亿吨公里,比2021年下降24.6%;国际航线完成货邮周转量201.79亿吨公里,比2021年下降2.8%。

(二) 运输周转量

运输周转量指航空器承运的旅客人数或货物质量和运输距离的乘积。它的单位是人公里或吨公里。这个指标反映了航空运输企业的生产工作的数量。按照统计的范围不同,运输周转量可以分为旅客周转量、货邮周转量和总周转量。

(1)旅客周转量是运输旅客数量和运输距离的乘积,单位是人公里或客公里。

(2)货邮周转量是运输货邮的质量和距离的乘积,单位是吨公里。

例如,2022年,全行业完成运输总周转量599.28亿吨公里,比2021年下降30.1%。国内航线完成运输总周转量387.86亿吨公里,比2021年下降39.5%。其中,港澳台航线完成2.30亿吨公里,比2021年下降23.6%;国际航线完成运输总周转量211.42亿吨公里,比2021年下降1.9%。

(3)运输总周转量是旅客周转量折算成吨公里后和货邮周转量相加之和。国际民航组织的换算标准为每位旅客按90千克计算(包括手提和托运行李),所以1客公里等于0.09吨公里。

$$运输总周转量(吨公里)=货邮周转量+0.09×旅客周转量$$

例如,2023年1—10月,我国民航运输总周转量完成978.3亿吨公里,同比增长90.3%。其中,国内航线完成727.3亿吨公里,同比增长115.5%;国际航线完成251.0亿吨公里,同比增长42.2%。

(三)载运率

载运率是指航空器在执行飞行任务时的实际载运量和最大载运能力的比值。它反映了飞机载运能力利用的程度和整个运输系统营运、组织、管理的水平,是营运效益的重要指标,也是企业制定航班计划的重要依据。

(1)单独考虑旅客的载运率一般称为"客座利用率"。

$$客座利用率=实际旅客数÷本次航班可提供座位数×100\%$$

可提供座位数,是指全部座位数去掉机组使用的座位数和因减载而不能利用的座位数。

(2)通常说的载运率是考虑了旅客和货物的总载荷计算得到的。

$$载运率=实际周转量÷最大周转量×100\%$$

最大周转量是由航空器可提供的最大业载乘以飞行距离得出的,而最大业载受到温度条件、场地条件、航线情况的限制,因而在计算时要根据不同情况确定。

例如,从民航运输总周转量累计值来看,2023年1—6月民航运输总周转量为513.3万吨公里,同比增速为74.9%,高于前两年同期的民航运输总周转量。

对以上的经济技术指标的统计,有利于掌握民航运输的实际情况,有利于制订和检查运输生产计划、研究运输发展规模和速度,中国民用航空局和国际航空运输协会定期都会对相关的数据进行评估。

任务实施

请根据了不起的"中国机长"刘传健的案例,调查和研究影响航空运输布局的因素,并以小组为形式展示调研成果。

任务评价

根据任务实施评分表,对任务实施的结果进行评价。

能力	考核内容	分值	自评分	教师评分	实得分
	描述影响航空运输布局的因素	40			
	语言表达能力	30			
	分析总结正确	30			
	总分	100			

课后测试

1. 什么是运力？
2. 衡量运力经济技术的指标有哪些？

项目综合测试

项目三 中国航线分布及北部航空区运输布局

航空运输布局是指航线、机场和运力在一定地域空间上的分布与组合,航线、机场(航空港)和运力(航空公司)是构成航空运输布局的三大要素。本项目,我们将学习各类因素对航空布局的影响、中国航线的分布,并详细了解航空区东北地区的主要空港城市、机场及航空企业相关知识。

任务一 熟悉影响航空运输布局的因素

1. 了解地理位置对航空运输布局的影响。
2. 了解自然条件对航空运输布局的影响。
3. 了解经济条件对航空运输布局的影响。
4. 了解政治条件对航空运输布局的影响。
5. 了解科技条件对航空运输布局的影响。
6. 了解人口条件对航空运输布局的影响。

技能目标

1. 能够正确认识影响航空运输布局的因素。
2. 能够全面分析各项因素对航空运输布局的影响。

任务导入

虽然全球经济近年增长疲弱,但受惠于亚洲及非洲经济腾飞,航空业客运需求节节攀升。欧洲航空业巨头空中客车估计,2016—2035年,全球空中交通流量每年平均增长4.5%,各国为迎合需求,纷纷扩建机场。

除扩建原有机场外,部分国家觅地加建机场,土耳其2013年在伊斯坦布尔兴建第3个机场,到2030年完成所有工程后,这个拥有6条跑道的机场每年客运量预计可达2亿人次。

顾问公司KPMG表示，到2036年，全球主要城市将会新建50条跑道，中国占1/3；中国2016年已花近120亿美元在民航基建上，加快在北京、成都、青岛、厦门及大连等地兴建重点新机场，反映中国为满足日益增长的客运量，正紧锣密鼓做准备。

（资料来源：《文汇报》2016年10月26日发布的《全球纷扩建机场 不出手唯恐落后》）

请思考：

从机场扩建中分析影响航空运输布局的因素有哪些。

教学内容

一、地理位置

地理位置一般用来描述地理事物的时间和空间关系，可以根据地理位置的特性及功能进行分类。按照地理位置的相对性和绝对性，地理位置可以分为绝对地理位置和相对地理位置。按照地理位置的功能，地理位置可以分为自然地理位置、经济地理位置、政治地理位置。

（一）自然地理位置

自然地理位置是地理事物在地球表面客观存在的时空关系，不以人的意志为转移。绝对地理位置又称为"经纬度位置"，以经纬度为度量标准。相对地理位置以其参考点的周围事物进行确定。

一个国家、地区或城市的航空运输布局与所处的地理位置有着千丝万缕的关系。以新加坡为例：新加坡是东南亚的一个岛国，位于马来半岛最南端，在亚洲与大洋洲、太平洋与印度洋之间，号称"东方十字路口"。新加坡虽然资源贫乏，但其充分发挥优越的地理位置，因地制宜，发展成为东南亚的经济中心，是世界上经济增长较快的国家。

■ 资料链接3-1

新加坡凭借其得天独厚的地理位置和明确的发展定位，航空业如今已经成为新加坡国民经济的重要组成部分，在新加坡经济结构转型过程中扮演着十分重要的角色。

一、从蚊香生产到飞机维修

新加坡这个国土面积仅700多平方千米的国家，在40多年前曾以生产蚊香闻名。从新加坡并不长的建国史中不难发现，基本上每十年这个国家都会转换一次产业赛道。从20世纪60年代的航运产业到70年代的石油化工产业，再到80年代和90年代的半导体产业和生物医药产业，在"赛道"转换的过程中，新加坡一方面将"旧赛道"不断优化，另一方面通过"新赛道"不断进行经济结构优化和转型。最终,将这些"新老赛道"都打造成为全球颇具影响力的龙头产业。

进入21世纪,航空航天产业成为新加坡重点发展的"新赛道"。如今,经过20多年的发展,凭借得天独厚的地理位置、相对完善的产业链、健全的基础设施、富有竞争力的税收制度、值得信赖的知识产权保护政策,以及有利的商业环境和高效的劳动力队伍等优势,航空航天产业已经成为新加坡经济的重要组成部分,在新加坡经济结构转型的过程中扮演着十分关键的角色。

作为亚洲著名的航空枢纽,入驻新加坡樟宜机场的100多家航空公司经营的航线覆盖60多个国家的200多个城市,新加坡航空也已成为享誉全球的顶尖航空公司。新加坡拥有许多世界级的综合性航空航天工业园区,如樟宜北工业园、罗央航空工业园、实里达航空工业园等,先后吸引了波音、空客、巴航工业、普惠、罗罗、GE航空、泰雷兹等一大批世界知名的航空企业,而且聚集了新科宇航、古德里奇、赛峰等100多家从事航空维修业的国际公司,拥有飞机结构维修、客改货、发动机维修、起落架维修、辅助动力系统维修、航电系统维修等较为完备的维修体系。这也使新加坡的航空维修业在国际航空维修领域享有很好的知名度。

此外,借助ASL计划[①]和极为优惠的双边税收协定,新加坡已成为全球重要的航空金融租赁中心之一,世界前十大飞机租赁巨头都已进驻。

然而,新加坡政府并不满足于此,而是希望航空产业能够再上一个新台阶,在原有合资授权维修的基础上转型升级,凭借地理位置、高素质人才资源等优势,做强原本较为薄弱的航空制造业。如今,GE、罗罗等发动机制造商都已经在新加坡建立研发中心。

二、从旧机场到产业园

位于新加坡北部的实里达机场是新加坡第一个国际民用机场,21世纪以来,随着国际航空交通中心逐渐转移至新加坡樟宜机场,新加坡政府开始着手对实里达机场进行重新规划。2007年,新加坡政府斥资6000万新元对该机场进行重建,并将其定位为新加坡未来重要的航空产业基地。

根据新加坡政府的规划,这个占地约300公顷(3平方千米)的专用园区被定位为飞机维护、修理和翻修基地,飞机系统及组件与轻型飞机的设计与制造基地,商务及通用航空活动中心,并建设地区性航空学院和科研设施,培训飞行员、地勤专业人员和技术人员等各类配套人才。同时,新的实里达航空园区还实施了提升机场设施的一系列措施,包括延长跑道至1800米、改造停机坪及飞机滑行道等。

专业化的定位帮助园区吸引了大量优秀企业入驻。罗罗公司投资5.5亿美元在园区新建了用于生产发动机宽弦风扇叶片的工厂。空客直升机公司将东南亚总部设立于此,并将其定位为亚洲地区的技术研发中心。本土公司新科宇航则不断扩大在园区内的规模,承接包括客货机转换等飞机维修和改装业务。

---

① 根据该计划,在新加坡企业上缴17%所得税的基础上,针对飞机租赁业务收入的适用税率可在5年间降至10%,甚至5%。同时,在2017年3月31日前用于购买飞机或飞机发动机的贷款可享受预扣税豁免。

如今，完善的基础设施和专业的服务体系已经成为实里达航空产业园的优势。园区内配备了各种研发和测试设备，包括风洞、机载系统和结构测试设备等，以及一系列专业机构和服务机构，如机械加工厂、材料试验室等，这些设施和机构能够为园区内的航空企业提供全面的技术支持和服务保障。

此外，毗邻樟宜机场的樟宜航空产业园是亚洲较大的综合航空中心，占地面积约12.5平方千米，拥有包括航空维修、航空物流和航空研发等业务。新加坡航空工程公司、新加坡技术航空、新加坡飞行培训学院等都已入驻。在一个紧密联系的航空业界环境里，进驻企业与供应商、客户和合作伙伴共享园区内的基础设施，便利的互通往来也为企业与其他公司提供了更大的合作空间。

三、从航空维修到航空制造

新加坡航空维修业从20世纪70年代的军机翻修业务起家，经历40多年的发展，形成了多家具有国际竞争力的维修企业，并在全球树立了新加坡航空维修的品牌。

如今，新加坡共有100多家国际性航空维修企业。其中，本土的新科宇航和新航工程公司都是世界级的航空维修企业。前者的维修工时在2012年就已突破千万小时，并被美国《航空周刊》评为世界上最大的独立第三方机体维修提供商。

值得一提的是，在高附加值的发动机维修业务上，新加坡无疑占据着亚洲的桥头堡位置。比如，新加坡一直是普惠发动机在美国以外最全面的售后服务中心，也是罗罗公司在英国本土以外的一个十分重要的发动机维修中心。罗罗公司更是先后与新航工程公司成立了两家发动机维修合资企业，为亚洲及全球的瑞达系列发动机提供维护保养服务。

然而，新加坡的航空维修业务也并不是完全高枕无忧的。首先，来自周边国家的挑战日益增长，特别是马来西亚和印度尼西亚的南北夹击。由于新加坡土地资源有限，昂贵的设施租金和人力成本导致一部分业务流失，而周边国家凭借低廉的人力和土地等成本优势，近年来大力加强在机场和基建领域的投资，正在逐渐蚕食一部分市场份额。

北面的马来西亚，正踌躇满志地希望依托吉隆坡国际机场、士乃（Senai）机场和梳邦（Subang）老机场，打造一个服务于东南亚民航业的维修基地。南面的印尼，除GMF AeroAsia已经崛起为亚洲重要的维修企业外，印尼狮航正致力于将距离新加坡仅20千米的印尼Batam岛建设成为其第二大飞机维修基地。

此外，来自飞机和发动机制造商的挑战更为严峻。这主要是由于新加坡航空维修业的市场主体，还是非OEM系的第三方维修企业，随着OEM制造商在售后服务市场中所占的比重越来越大，制造业相对薄弱的新加坡面临着巨大的压力。为了改变这一现状，新加坡航空产业亟待寻找新的战略发展方向。

由于国土面积较小，新加坡并不具备引进飞机总装线的条件。因此，政府将目光转向同样高附加值的航空发动机总装、设计和研发。

为了吸引投资，新加坡政府出台了一系列政策，同时新加坡对于知识产权保护的高标准及数量众多的高素质科研人员，对于发动机制造商来说也极具吸引力。

  如今,发动机制造巨头罗罗公司在实里达航空工业园拥有一个技术研发中心、一个航空发动机总装厂和一个风扇叶片制造厂。这个总装厂还参与了遍达7000发动机的研制,在此之前,罗罗所有航空发动机研制工作都是在欧洲完成的,然后再将生产转移到新加坡。与此同时,罗罗还将其亚太地区服务中心设在了新加坡。

  综上所述,新加坡如今正利用自身多年积累的优势,紧跟航空业发展的新需求,在巩固飞机、发动机、附件维修业务的同时,积极引进知名航空企业和高端制造技术,提高研发能力,从而使其从航空工业外围领域向核心领域过渡、挺进。这与新加坡政府倡导的制造业朝着"高增值、小批量、多品种"方向发展的目标是一致的。

  (资料来源:海鹜《新加坡航空产业发展的启示与借鉴》)

  请思考:

  新加坡的成功经验对我国有哪些启示?

(二)经济地理位置

  经济地理位置是指一个国家、地区或城市在与外围地区进行经济联系中所形成的空间关系。只有客观准确地认识一个地区的经济地理位置,才能发挥其经济优势,解决相关生产布局的问题。航空运输业的发展和经济地理位置关系紧密、相互作用。经济越发达的地区,其航空网络越发达。国际金融中心一般都是国际航空枢纽中心,一个国家的经济中心往往也是该国的航空枢纽中心。

■ **资料链接3-2**

  澳大利亚昆士兰州政府发表公告,鉴于昆士兰州在民用和国防航空领域强劲的硬件实力及其所处的战略位置,该州有望成为亚太地区航空工业枢纽。

  昆士兰州发展部长兼自然资源与矿业部长安东尼·利纳姆公布的一份文件显示,2014—2015年,昆士兰州航空业为全州提供了4500个直接就业机会,并为昆士兰州经济贡献了约6亿澳元(约合4.5亿美元)。未来,昆士兰州在此基础上发展成为亚太地区航空中心,将创造更多就业机会和商业机遇。

  目前,波音防务澳大利亚公司、维珍澳洲航空、空中客车集团澳大利亚及太平洋地区分公司、英国宇航系统公司等企业都设有昆士兰州分部。澳大利亚最大航空电子设备制造商澳大利亚航空电子公司也坐落于此。

  (资料来源:万思琦《澳昆士兰州打造亚太地区航空枢纽》)

  请思考:

  澳大利亚昆士兰州成为亚太地区航空中心的优势是什么?

（三）政治地理位置

政治地理位置是指国家领土与有关政治地理要素和条件的空间关系，即周围地区和邻国的政治状况、外交政策、国力强弱等对本国的影响。政治地理位置并非一成不变，它随着国际关系、交通条件和科技发展而变化。航空运输布局也会随政治地理位置的变化而变化，两者相互影响。例如，随着苏伊士运河和巴拿马运河的开通，原先政治地理位置在世界范围内并不突出的埃及和巴拿马，也拥有了重要的战略价值。

二、自然条件

自然条件是指经历天然而非人为因素改造形成的基本情况，包括地质、地貌、生物、土壤、气候、水源等，自然条件极大地影响着人类的生产生活，并和人类的生产生活相互联系、相互制约。随着现代科技的发展，自然条件对航空运输布局的影响逐渐下降，但由于航空运输本身的特性，在一定范围内、一定程度上依旧产生影响，如机场选址、航路设置、运输能力等。

（一）地形地貌

相比铁路、公路等交通方式，航空运输受地貌、地质等因素的制约并不显著，但在航线设置、机场选址、地面起降等方面仍需要考虑。地形地貌是修建机场和确定航路的重要条件。根据中国民用航空局2007年4月3日批准的《民用机场选址报告编制内容及深度要求》，新建或拆建民用机场选址时，按初选、预选、比选三个阶段进行。在拟选场址地区周围的较大地域范围内，通过图上作业、现场初勘，寻找具有可能建设民用机场的初选场址。对于所有初选场址，先对其地面情况进行调查、了解，先后从地面条件角度、航行角度将明显不适合的初选场址排除，从中提出三个预选场址。通过进一步研究论证，对有利条件及不利条件进行全面综合分析论证后，推荐一个首选场址。

修建机场是一项大型工程，需要考虑的地形地貌条件如下：机场周围净空条件良好，周围地形起伏小、视野开阔，不应有高大突出的障碍物（包括植被）；机场选址应在地质地貌较稳定的地区，容易发生地震、断裂、滑坡、泥石流、崩塌的地区不宜建设机场；尽量避开自然保护区、重要水源保护区、具有开采价值的重要矿藏区，满足生态、环境保护及文物保护要求；不占或少占用耕地、林地、湿地或草地，拆迁量较少。因此，绝大多数大型机场总是建在平原、盆地或宽阔的谷底。

■ 资料链接3-3

英国伦敦希思罗机场能否扩建，此事非同一般，不是伦敦市政府决定，而将由当时英国首相特雷莎·梅所领导的分管委员会讨论决定。伦敦希思罗机场是英国乃至欧洲较繁忙的机场，目前有两条起飞跑道，由于运力逐渐饱和，客机排队现象严重，地面服务车辆经常出现拥堵，一直希望能够建设第三条跑道，扩建提议于2009年提出，但英国政府一直在讨论—推迟—评估—讨论—推迟的纠结之中。是否扩建，这在政府内部、民间存在严重的分歧。伦敦希思罗国际机场的发言人表示，我们的优势要在政客们辩论中消耗殆尽。

伦敦希思罗机场1946年建成，航线连接近90个国家和地区，2015年客运量达7340万人次，是世界上较繁忙的机场。特雷莎·梅上台之后表示将尽快给出决定，同时她希望议员、大臣都发表自己的看法，供她和委员会参考。

支持派：英国机场委员会发布的报告指出，伦敦希思罗机场现在已经不堪负荷，如果不扩建，到2040年客运能力将会达到饱和状态。报告还认为，如果修建第三条跑道，将在2050年前给英国带来1470亿英镑的经济收益，还可以创造7万多个新的就业机会。

反对派：①这一工程需要拆毁近800栋房屋，民宅的主人将会得到相当于房子市价125%的赔偿和搬家费用，而且他们未必同意，谈判过程漫长；②成本高，整个工程将耗资176亿英镑；③机场周围公路和铁路也需要大规模改建，预计这些改造项目将需要50亿英镑；④环保难以达标，尤其是噪声大，受到环保人士的强烈反对。

（资料来源：张奥、刘清《希思罗机场扩建方案耽搁七年 英国政府在纠结什么》）

请思考：
你是支持还是反对伦敦希思罗机场扩建呢？理由是什么？

（二）气象气候条件

气象气候条件对航空运输的影响比其他交通运输方式的影响更大，一些特殊的危险天气、极端气候严重威胁到飞行安全。随着科技的不断进步，飞机性能日趋完善，安全性水平较高，飞行活动与气象气候条件之间的关系从气象条件决定能否飞行转变为如何在复杂气象条件下飞行。飞行在大气环境中进行，大气物理要素与天气现象对飞行活动产生重要影响，天气现象虽然千变万化，但其也是有规律可循的，飞行人员、空中交通管制人员和民航其他工作人员需要具备一定的航空气象知识，才能利用有利天气，避开不利天气，预防和减少危险天气的危害，顺利完成飞行任务。各种危险天气的产生具有一定的地域性和季节性，因此，民航运输飞行的各个环节都需要航空气象服务。

根据《民用机场选址报告编制内容及深度要求》，机场在选址时，需要调查收集场区当地或附近气象台（站）一般不少于连续5年的气象观测资料（如风向、风速等级及频率，月平均水平能见度、云高和平均低云量，大气温度，大风、雾、降水、雷暴等天气条件），尽可能符合航空气象的要求，并分析气象资料与所选场址的关系。

飞行前，需要精确的高空风、温度预报及航路重要天气预报，用以优化航路、计算用油量；需要用地面温度气压计算配载量。在航站内，飞机的起降受地面风速、风向、降水、地面与空中能见度等因素影响,不同机型、机长、跑道有不同标准。飞行过程中,遇到危险天气时,要根据天气情况决定绕航、返航或备降。

■ 资料链接3-4

> "空姐和乘客被甩到天花板!"飞机颠簸惊魂,国航回应

2023年7月10日,一架上海飞往北京的国航CA1524航班,在空中遭遇了严重颠簸。有网友在社交平台回顾亲历过程,"差点以为我的小命从此交待在这班飞机了。"

事后,据国航回应,在此过程中一名旅客和一名乘务员受伤。航班于17时18分正常落地,国航安排专人陪同受伤旅客和乘务员前往医院治疗。

乘客回顾当时的景象:"飞行前半段还比较平稳,在最后30—40分钟,大家都来来回回上洗手间,突然一个下坠,大家吓一跳就赶紧坐好了,后面也无比庆幸有这个时间窗口,因为在这极短的间隔,又一次猛烈地下坠,把正在帮助乘客归位的空姐、乘客,都抛到了天花板,安全出口的告示砸碎了,天花板踢开了,抛上去的人都挂彩了,乘客们扎扎实实吓了一跳。"

当天CA1524航班系从上海飞往北京,计划起飞时间为7月10日14:45,抵达时间为16:55;实际起飞时间为15:24,抵达时间为17:18。

乘客回顾表示,"空姐自然也是紧张,但第一时间保护了上抛的乘客,抱着一起上去了……而后又对受伤乘客展开救护,专业且冷静。""空姐和乘客有被甩到顶面,空姐护着乘客,但还是都受了伤,顶面被撞得露出了管线啥的,'出口'掉到了我脚下。"乘客拍摄现场视频截图如图3-1所示。

图3-1 乘客拍摄现场视频截图

民航专家李瀚明告诉中新网,"雷达是探测不到晴空颠簸的,因为晴空颠簸本质上是风造成的。乘坐飞机和坐船很相像,颠簸就像是突然一个大浪打过来。"

他表示,雷达本质上是通过物体对电磁波的反射能力来发现物体,但流动的空气和静止的空气对电磁波的反射能力是一样的。

李瀚明介绍,通常情况,恶劣天气下风的变化更大,但是晴空也有发生严重颠簸的可能,有很多这样的事例。飞机颠簸可能会让飞机内的旅客遭受人身伤害,通常不至于造成坠毁。李瀚明提醒,为了防止空中颠簸,坐飞机旅行的时候还是要全程系好安全带。

有网友建议尽量不要坐夏天下午的航班,李瀚明对此答复,夏天由于雷雨云等天气情况更加复杂,航班遇到颠簸的概率确实更高,但这个概率并没有大到要"躲着"的地步;只要系好安全带,颠簸的影响完全是可控的。

对于事发当天的天气情况，@中国天气在微博表示，有时候出发地或者目的地的天气还好，但是航线的天气也会有影响。昨天(7月10日)16时前后，强回波主要集中在东北、山东北部、江苏及浙江沿海地区等地，局地伴有雷暴。

(资料来源：中国新闻网《"空姐和乘客被甩到天花板！"飞机颠簸惊魂，国航回应》)

请思考：

气象条件对航空运输的影响有哪些？

■ **资料链接3-5**

风、云、雷雨等气象条件都会对飞行造成影响

一、风对飞行的影响

风与飞行的关系极为密切，飞机起飞、着陆及在航路上飞行，都必须考虑风的影响。风是飘忽不定的，飞机在飞行中不仅会遇到顺风或逆风，更多时候还会遇到侧风。侧风会改变飞机的飞行方向，如不及时修正，就会使飞机偏离目的地。而且当飞机在侧风中起降时，除向前运动外，还会顺着侧风方向移动，如果不及时修正就会偏离跑道方向。

最易引发飞行事故的当属风切变。风切变是一种常见的大气现象，是风向、风速在水平或垂直方向上的突然变化，会引起飞机飞行高度和飞行姿态的突然改变。在飞机起飞或降落时，风切变的危害尤其大，因为此时飞机的高度较低、速度较慢。风切变危害大且观测比较困难，所以它被称为飞机的"无形杀手"。

二、云对飞行的影响

云对飞行的一个较大影响，就是会使驾驶员的视线受阻，影响飞行，可能造成飞机迷航或其他飞行事故。

此外，飞行员在云中飞行因看不到天地线容易产生飞行错觉，精神紧张。如果飞行员处置不当，也容易引发飞行事故。

三、雷雨对飞行的影响

现代飞机由于设备先进，一般强度的降雨对飞行来说不会有太大影响。但如果降雨太大，可能使飞行员的视线受阻，而且连续暴雨容易造成跑道积水，若排水不及时，则会使飞机无法降落。

航路上的雷雨对飞机威胁较大。雷雨中通常伴有闪电，如果飞机直接被闪电击中会导致机上的通信导航设备失灵、受损，严重时机体也有可能受到损害。因此，为了保障安全，飞机必须绕行、返航或备降邻近机场，以避开雷雨区域。这样就会使飞机不能正点到达目的地，造成航班延误。

(资料来源：王蕾《民航百科：天气对航班的影响，你知道吗？》)

(三) 生物资源

在生物资源中,除人类外,对航空运输影响最大的就是鸟类。有研究表明,随着航空业的快速发展,机场、飞机和航线数量不断增加,中国民航运输类飞机因鸟击导致的事故占运输类飞机总事故的26.2%。鸟击给人们的生命安全和民航业经济发展带来了相当大的危害,国际航空联合会将机场鸟击灾害升级为A类航空灾害。

鸟类与飞行中的人造飞行器、高速运行的列车、汽车等碰撞所造成伤害的事件称为"鸟击"。在飞机出现前,没有高速人造飞行器,人类与鸟类在空中的活动互相没有重叠,一般不会造成危害。飞机的出现,使情况发生变化,由于飞机速度快,一旦与鸟类发生碰撞就会造成极大的破坏,甚至会造成飞机的坠毁。

高速度使绝大多数鸟类无法躲避,使鸟击的破坏力达到惊人的程度,是鸟击事件的主要原因。除此之外,机场选址不当,影响鸟类活动的同时,也会给航空安全带来很大隐患。因此,防治鸟击对航空安全起着非常重要的作用,防治思路主要就是减少鸟类活动与飞行器起降的重叠。在机场选址建设前,需开展相应的鸟类调研,若选址处于候鸟迁徙通道或大量鸟类活动的地方,撞鸟风险就非常大。空中交通管制部门必须随时观测机场地面和上空的鸟类活动状况,通过目视和雷达侦测来规避鸟类活动区域,特别是在低空飞行时控制飞行速度,以减少撞击的破坏力。国际民用航空组织的统计表明,飞机鸟击75%发生在距离地面60米以下的范围,15%发生在距离地面60—300米的高度。除了被动监测,主动的鸟击防治就是驱赶鸟类离开机场空域,如破坏其栖息环境、迁移栖息地等。

总而言之,我们需要综合各种方式,深入研究本地生物资源的行为特征,有针对性地进行防治,以保障航空运输的安全。

■ **资料链接3-6**

英国《每日快报》消息,曼联旧将范佩西所在的"土超豪门"费内巴切足球俱乐部一行乘坐的飞机在飞往曼彻斯特的途中发生事故,机头意外遭飞鸟迎面相撞,不得不紧急降落在匈牙利,所幸没有造成人员伤亡。

按照赛程,英国当地时间周四20:05,费内巴切将在老特拉福德球场客场对阵曼联,但是他们在乘坐飞机前往曼彻斯特的途中发生了意外:由于机头和飞鸟相撞,航班不得不紧急降落在匈牙利的首都布达佩斯。

从英国媒体发布的照片来看,飞机的驾驶舱挡风玻璃全部破裂。

(资料来源:网易体育《曼联欧联对手航班遇险 这只鸟险误范佩西"回家"》)

请思考:

如何预防鸟击事件?

三、经济条件

航空运输是经济发展到一定水平的产物,一个国家、地区或城市没有一定的经济基础,就不可能有发达的航空运输业。经济条件直接影响航空运输的布局,从目前世界航空运输布局来看,经济发达国家、地区或城市的航空运输业的规模远远超过大多数发展中国家。

(一)经济发展水平

经济发展水平决定了社会的经济结构、收入和消费水平。对于一个国家、地区或城市来说,机场不仅是重要的交通运输设施,还是连接两个区域的空中桥梁。航空公司不仅是提供航空运输服务的企业,还是了解这个城市、地区或国家的窗口。一个地区的经济发展促进民航运输业的产生和发展,航空运输又促进国民经济的发展。航空运输业的发展反映了该地区的经济、文化发展水平,具有强烈的时代感和代表性,是文明进步的窗口。全世界各地区都建设有或将建设相应规模的大型机场,力争成为交通枢纽中心,这实质上也是政治、经济实力的体现。

(二)经济发展速度

从全球民航业发展的历史来看,经济发展速度与航空运输业的发展有着紧密的联系。以我国为例,20世纪50年代至90年代,国民经济增长速度为8%—9%,航空运输业增长速度为20%—25%。同期,世界经济增长速度为20%—25%,航空运输业增长速度为12%。航空运输业增长率一般为国民经济增长率的2—2.5倍。由此可见,国民经济的发展与航空运输业的发展有着紧密的联系,城市越繁荣,经济活动越频繁,对民航运输的需求就越大。从目前世界航空运输布局现状分析,大多数经济发达的国家、地区的航空运输业较为发达。

(三)经济开放程度

一个国家或地区的经济开放程度对航空运输布局具有较大的影响。航空运输快速、省时,是国际长途运输理想的方式。一般来讲,经济开放程度较高的地区,经济越发达,第二产业(建筑业、加工制造业等)和第三产业(金融业、保险业、教育业、服务业等)所占比例越高,其航空运输需求越旺盛。而以农业生产为主的国家或地区,经济对外开放程度低,经济处于封闭状态,航空运输需求则较少。我国目前正致力于产业结构的调整和升级,产业结构会逐渐由低级向高级演进。在全球经济一体化的今天,专业化分工日益精细,资金密集型的高新技术产业需要依托便利的航空运输条件,实现多个地区和国家之间的协作,航空运输需求也会随着经济的开放与发展越来越旺盛。

■ **资料链接3-7**

国际航空运输协会(IATA)在2023年5月关于全球航空货运市场的最新报告中显示,尽管需求下降,但与2022年相比,非洲航空公司的运力有所增加。

该报告强调了非洲到亚洲贸易路线的增长明显放缓,从4月份的18.5%下降到5月份的11%,这可能是4月中旬以来苏丹冲突的结果。

国际航空运输协会表示,与2022年5月相比,产能增长了9.2%。国际航空运输协会总干事威利·沃尔什承认航空货运的交易条件具有挑战性,并指出,一旦疲软的经济指标得到纠正,航空货运行业将复苏。

在全球范围内,以货运吨公里(CTK)单位的航空货物需求与2022年5月相比下降了5.2%,国际业务报告下降了6%。

随着许多市场的通胀放缓,人们普遍预计央行的加息将逐渐减少。这应该有助于刺激经济活动,对航空货物的需求产生积极影响。

与此同时,与2022年5月相比,衡量运力的可用货物吨公里增长了14.5%,主要原因是随着乘客需求的恢复,腹部运力的增加。

(资料来源:《通货膨胀、冲突削减了非洲航空公司的货运业务》)

请思考:

非洲航空公司的货运业务为什么出现消减?

四、政治条件

政治属于上层建筑的范畴,在某些特定情况下,政治因素可以对整个国家或地区的经济发展和生产布局产生重要影响。航空运输作为政治、外交活动的有力工具,经常被纳入两国(或地区)双边或双边协议的总体框架之内,与两国(或地区)之间的政治有着密切的关系。政治因素不仅表现为一系列法律法令、政策方针,还包括政治形势、社会安定状况。

在国际航空的发展过程中,政治因素的影响不容忽视。为了维护国家主权,保护本国航空运输业的发展,各国都制定了相应政策、法令。国际制定的一系列航空法规、公约往往都是基于一定的政治背景。

在政治外交中,民用航空不仅是一种产业,更是外交谈判的筹码及发展双边或多边关系的纽带。各国通过采购飞机、开辟航线、开放机场等方式,加强彼此之间的经贸联系和政治互信。航空运输的发展也关系到一个国家在国际上的政治威望和软实力。

此外,社会的政治形势和安定状况对航空运输业的发展同样重要。政治局势稳定、社会安定和平、经济稳步发展、人民安居乐业,犹如肥沃的土地,航空运输业在这样的环境中会迅速发展;反之,则衰退。

■ **资料链接3-8**

国际航空运输协会研究认为,尽管非洲与其他国家之间在很大程度上实现了航空自由化,但非洲内部航空市场仍相对封闭,且受制于严格的双边协议,极大限制了非洲内部航空市场的发展和服务的提升,也阻碍了航空对国家制造业、农业、旅游业等产业的促进作用。国际航空运输协会称,1988年非洲44国签订的旨在加强航空运输合作、促进自由竞争的《亚穆苏克罗协议》进展极为有限,未能带动区域经济的发展。研究表明,区域航空自由化可有效提高航空服务水平、降低票价,从而增加客流量,带动旅游、贸易、投资等领域的迅速发展,促进经济增长和提高就业。例如,南非与肯尼亚2000年初开放两国航空市场后,客流量增长了69%;南非与赞比亚引入低成本航空公司后,航空票价降低了38%,客流量也增长了38%。

(资料来源:中华人民共和国商务部《际航协称非洲内部航空市场仍过于封闭,阻碍经济发展》)

请思考:

非洲航空业发展的机遇与挑战有哪些?

五、科技条件

科学技术的发展影响着生产布局,重大科技成果往往使生产布局突破某些自然和经济条件的制约,使其发生变化。航空运输作为一种现代化的交通运输方式,以先进的科学技术作支撑,展示其安全便捷、快速舒适的特点。随着社会的发展,人们对交通运输有了新的要求,科技的突飞猛进带动了航空运输的发展,导致民航客机的出现。

近年来,高新技术的研制和应用正在并将进一步提升民用航空的安全水平,促进民用航空持续快速发展。一是发展了超大型飞机制造技术。2008年已投入运营的载客量最大的空中客车A380飞机,合理采用了碳纤维等新材料和新型发动机等高新技术,飞机的安全性和舒适度得到大幅提高。波音787将第一次实现中型飞机尺寸与大型飞机航程的结合,具有较高的燃油效率,出色的环保性能。二是在空中交通管理领域广泛应用现代通信、卫星、自动化和计算机技术,展开了以星际导航为主导的空管技术革命。三是兴起了绿色化的航空运输革命。从改善飞机空气动力、提高发动机燃油性能、研制新一代聚合物和复合材料等方面减少航空运输对环境的污染。另外,引入了"绿色机场"理念,把机场建成"节约、环保、科技、人性化"的机场。

自20世纪初航空运输问世以来,随着科技的发展,飞机的制造材料、机载电子设备、通信系统、卫星导航系统等为航空运输提供了安全可靠的保证,促进航空运输的活动范围不断扩大,活动能力不断增强。

■ **资料链接3-9**

"以新一代信息技术融合应用为主要特征的智慧民航建设正全方位重塑民航业的形态、模式和格局,引领民航业的未来发展方向。"2023年5月15日,中国民用航空局副局长胡振江在2023第三届民航技术、装备及服务展开幕式上表示,智慧民航建设是一项长期复杂艰巨的任务,是未来民航发展的一张大蓝图、大战役。全行业必须坚持系统思维、锚定发展目标、狠抓重点任务、砥砺奋进、实干争先，以更加饱满的热情，推动智慧民航建设各领域各方面工作有序开展，为建设交通强国民航新篇章提供强大支撑。

谈到科技创新，胡振江指出，科技创新是实现民航高质量发展的必由之路，科技自立自强是推动民航高质量发展的重要一环，智慧民航是推动民航高质量发展的必然之举。"科技自立自强是推动民航高质量发展的重要一环。要把科技的命脉牢牢掌握在自己手中，在科技自立自强上取得更大进展，以高质量安全助推民航高质量发展。"

胡振江表示，智慧民航建设涉及行业全领域、全主体、全要素、全周期，是"十四五"民航发展的主线，是民航高质量发展的主攻方向。"近年来，智慧民航建设顶层架构日益清晰、机制标准日益完善、场景应用日益拓展。智慧民航建设内涵不断丰富、格局不断拓展、成效不断扩大，出行一张脸、物流一张单、通关一次检、运行一张网、监管一平台等智慧民航新形态加快实现。"

"党的十八大以来，中国民航空管科技创新成绩斐然，安全形势稳中向好。"中国民用航空局空中交通管理局副局长、党委常委杨海红指出，"十四五"时期，空管系统将围绕智慧民航建设部署要求，不断为空管发展塑造新动能、新优势。一是坚持理念创新，锚定中国民航空管"到2025年成为亚太一流、到2035年成为全球一流的空中航行服务提供者"的战略目标，努力做好顶层规划。二是坚持贴近一线，努力解决基础研究"最先一公里"和成果转化"最后一公里"衔接问题。三是坚持自主可控，全面提升关键设备和核心技术自主创新能力。四是坚持绿色发展，以技术创新为手段，为实现"水绿山青天蓝"贡献空管力量。五是坚持协同创新，打通产学研用的创新链条，凝聚推动空管创新发展的强大合力。

据介绍，本届展会以"智慧驱动 创新发展"为主题，聚焦智慧机场建设、智慧空管运行、安全技术应用、民航专业设备国产化等领域的新理念、新技术、新模式、新观点，将展开全方位、多层次、多角度的展示交流。

（资料来源：人民网《民航局：科技创新是实现民航高质量发展的必由之路》）

请思考：

你知道在智慧机场建设、智慧空管运行、安全技术应用、民航专业设备等方面有哪些创新之举吗？

六、人口条件

（一）航空运输的对象

作为航空运输的对象，人口的数量、密度、分布、收入、素质等对航空运输布局产生重要影响。在一定的社会经济条件下，某地区或国家人口数量越大、密度越高，经济越发达，个人的经济收入相对较高，对内对外的经济联系越紧密，对航空运输的需求也就越大，这些地区或国家的航空运输就较为发达。人口稠密的地区往往也是各种物资的集散地，经济相对发达，物资交换更为频繁，对各类产品的消费量大；反之，人烟稀少、密度低、位置偏远、经济落后，则对航空运输的需求就小。

航空运输对象的位置改变有不同的情况考虑，应区别人口流动和人口迁移。两者的区别在于，人口流动是指人口在短期离开后又返回原居住地的现象，一般指离家外出工作、读书、旅游、探亲和从军一段时间，未改变定居地的人口移动；人口迁移是指人口在两个地区之间的地理流动或者空间流动，这种流动通常会涉及永久性居住地由迁出地到迁入地的变化。这种迁移也被称为永久性迁移，它不同于其他形式的、不涉及永久性居住地变化的人口移动。《中国人口之分布》分析了我国不同地区的人口密度，并指出在人口密度上东南部和西北部形成了鲜明的对比。1949年以来，大量人口从我国东部迁移至西北，这种迁移关系使西北与东南地区保持密切的关系。了解世界人口迁移的动向、规模及现状，对分析航空客运的现状及其发展具有重要意义。

■ **资料链接3-10**

我国上半年1.68亿人次出入境

2023年上半年，全国移民管理机构共查验出入境人员1.68亿人次，同比增长169.6%。

据统计，2023年上半年，全国移民管理机构共查验出入境人员1.68亿人次，是2019年同期的48.8%，其中内地居民8027.6万人次，港澳台居民7490.3万人次，外国人843.8万人次（不含边民）；查验交通运输工具983.1万架（艘、列、辆）次，同比增长119.2%，是2019年同期的53.8%，其中飞机20.4万架次，船舶19.1万艘次，火车4.4万列次，汽车939.2万辆次。签发普通护照1000余万本，同比增长2647.5%，是2019年同期的68.2%；签发往来港澳台出入境证件签注4279.8万本（枚），同比增长1509%，是2019年同期的96.5%；为在华外国人办理停留居留证件37.9万人次，同比增长53.4%，是2019年同期的86.7%。

2023年上半年，全国移民管理机构牵头部署开展严厉打击妨害国（边）境管理犯罪"獴猎"行动。2023年，继续重拳整治跨境违法犯罪，持续深化"三非"外国人治理，共侦办妨害国（边）境管理犯罪案件1.6万起，抓获违法犯罪嫌疑人3.2万人；查获"三非"外国人3.24万人，已将其中符合法定情形的1.36万人遣送出境；捣毁中转接应窝点330处，查扣涉案交通运输工具1389辆（艘）；查破毒品案件375起547人，其中万克以上案件112起；缴获各类毒品5.17吨、制毒物品751.72吨；严打整治边境地区枪爆、走私违法犯罪，查扣走私货物案值2.21亿元，有力维护了国门边境安全稳定和正常出入境管理秩序。

国家移民管理局新闻发言人、综合司副司长张宁介绍，2023年1月8日起，国家移民管理局坚决贯彻落实党中央决策部署，积极顺应广大群众正常出入境需求，持续深化移民管理领域改革创新，全面恢复疫情前出入境证件"全国通办"

"口岸签证签发""边检快捷通关"等移民管理政策措施,有序恢复开通61个陆地边境口岸客运功能,为服务促进高水平开放、高质量发展,确保产业链供应链稳定作出了积极贡献。下一步,国家移民管理局将结合主题教育开展情况,进一步加强调研整改,继续开设各类"绿色通道",不断拓展移民管理政务服务网上预约查询等功能,在全力方便群众出入境办证办事、积极促进保障中外人员正常交流交往、始终确保口岸顺畅通关等方面不断推出系列便利政策举措。

(资料来源:2023年7月20日《光明日报》)

请思考:

广大群众出入境需求受到哪些因素影响?

(二)航空业从业人员

航空运输是一个技术密集型的行业,对从业人员的技术水平、文化素质有较高的要求。在文化教育、科技水平较高的地区发展航空运输业,其劳动力的质量较高,利于航空运输的发展。而在文化教育、科技水平较低的地区发展航空运输业,其从业人员的素质可能受到影响。

随着人们生活水平的提高,对航空运输的需求越来越大,要求越来越高。

根据《2022年民航行业发展统计公报》,截至2022年,全行业部分数据如下。

(1)持照机务人员68992名,比2021年增加5512名。

(2)持照签派员11256名,比2021年增加434名。

(3)空管行业四类专业技术人员[①]共36765名,比2021年新增1502名。

其中,空中交通管制人员17019名,比2021年新增783名。

■ 资料链接3-11

近日,民航局通报了2022年度中国民航运行数据共享工作的总体情况。据权威统计,青岛城投旗下青岛航空2022全年度月均数字化能力指数(DCI)高达0.9951,在全国48家航空公司中排名第一。

数字化能力指数(DCI)主要考察民航各单位共享数据的覆盖率、及时率、可靠率等指标。自2021年加入民航运行数据共享项目以来,青岛航空充分发挥自身在信息化、数字化领域的特色优势,积极参与局方组织的技术讨论和技术培训,从提升及时率、覆盖率等方面入手,逐个分析考核字段,持续对日报和日志进行跟踪,排名稳步提升。

此次在民航运行数据共享工作中取得的阶段性成果,是公司信息化、数字化能力不断提升的重要体现。青岛航空运用互联网、大数据、云计算等数字化建设,不断升级改造各类系统,自主研发航班综合保障平台系统,研发上线电子任务书、移动客舱电子手册、飞行准备卡等系统,拓展了公司在智能化、移动化方面

---

① 空管行业四类专业人员是指空中交通管制员、航空电信人员、航空情报人员和航空气象人员。

的应用。随着运行数据总量的逐步增多,青岛航空(见图3-2)通过系统功能优化、统一数据标准等手段逐一改善,有效提升数据处理及时性及整合能力。

图3-2　青岛航空AOC大厅

近年来,青岛航空在数字化方面取得了一系列亮眼成就。2020年7月,由青岛航空运营的首架国产高速互联网飞机(见图3-3)成功首航,广大旅客可在飞机平飞阶段体验高速网上冲浪;此外,青岛航空还拥有先进的飞机实时数据地面应用平台,可实现飞机前舱数据的高速连续传输,实时监控飞机运行状况,保障地空实时协同飞行。

图3-3　青岛航空高速互联网飞机

未来,青岛航空将通过加大信息系统建设、建设智慧运行系统、强化信息系统智慧化水平等措施,形成业务和IT深度融合的信息化建设机制,保障公司的安全稳定运行和高质量发展,奋力打造成为国内机上互联网领域的"领跑者"和国内民航业数字化转型的"先行者"。

(资料来源:大众网《民航局通报2022年航司数字化能力指数　青岛航空排名第一》)

请思考:

国内民航业数字化转型中对民航从业人员有哪些挑战?

总之,航空运输布局主要受地理位置、自然条件、经济条件、政治条件、科技条件和人口条件6种因素的影响。这6种影响因素不是孤立存在的,而是相互影响、相互作用的。经济条件是影响航空运输布局的主要因素,但经济条件又受地理位置、自然条件、政治条件等的影响。

任务实施

全面分析和认识各项因素对航空运输布局的影响。

(1) 进行分组活动。

(2) 以科技条件为例,讨论其对航空运输的影响,以及如何利用科技促进航空运输的发展。

(3) 分小组讲述科技条件对航空运输的影响及如何利用科技促进航空运输的发展。

实训评价:其他小组评价+教师评价。

任务评价

根据任务实施评分表,对任务实施的结果进行评价。

考核内容	分值	自评分	小组评分	教师评分	得分
熟悉影响航空运输布局的因素	25				
能灵活运用所学知识分析问题	25				
分析、解决问题的能力	25				
语言表达能力	25				
总分	100				

课后测试

一、判断题

1. 地理位置在一定时期内、一定程度上影响航空运输的发展及其布局。( )

2. 虽然航空运输受地面要素的影响不大,但在机场建设、地面起降、航路设置等方面,同样需要考虑地貌条件的制约。( )

3. 经济条件是影响航空运输布局最重要的影响因素。( )

4. 天气条件是决定飞行安全、正常的重要因素。( )

5. 飞机起降的理想条件是顺风起降。( )

6. 人口对航空货运没有影响。( )

7. 人口可通过其迁移影响航空运输的发展。( )

8.在文化教育、科学技术水平较高的地区,发展航空运输,其劳动力的质量较高,对航空运输的发展不利。( )

9.在一定的社会条件下,人口的总数越大,密度越高,经济收入越高,航空运输量就越小。( )

二、选择题

1.新机场选址距市区较远,主要考虑的是( )。

A.旅客的方便程度　　　　　　B.对城市的污染影响

C.交通和便捷度　　　　　　　D.人口的数量

2.在影响航空运输布局的主要因素中,产业结构属于( )。

A.自然因素　　　　　　　　　B.社会因素

C.经济因素　　　　　　　　　D.技术因素

三、简答题

1.影响航空运输布局的主要因素有哪些?除此之外,还会受到哪些因素的影响?

2.以一个国家或城市为例,系统分析它的航空运输布局及其影响因素。

任务二　掌握中国的航线分布

知识目标

1.熟悉我国的国际航线。

2.熟悉我国的国内航线。

技能目标

能够说出我国的主要国际航线与主要国内航线。

任务导入

中国南方航空公司深圳至阿姆斯特丹航线于2023年1月2日正式开通。首航航班CZ8091于当日1时50分从深圳机场顺利起飞。这是疫情防控进入新阶段后,南航在深圳开通的首条国际航线,也是深圳机场第一条直飞荷兰的航线。

据了解,该航线每周两班,周一、周三执行,由空客A330宽体机执飞。去程凌晨1:50由深圳起飞,当地时间8:00到达阿姆斯特丹,回程当地时间14:10由阿姆斯特丹起飞,次日

9:00到达深圳。

受中国民航局《关于恢复国际客运航班工作方案的通知》影响,叠加春节回国需求,国际回程机票销售旺盛。目前,1月9日阿姆斯特丹回程客票即将售罄,1月11日尚有余票。随着国际航空市场的恢复,整体运力逐步增加,国际航线往返程票价相对经济实惠。

南航方面提醒旅客,因深圳至阿姆斯特丹起飞时间是凌晨1:50,旅客需在起飞日期前一天晚上抵达深圳机场办理值机。前往阿姆斯特丹的旅客需提前准备好申根签证,需持有有效期大于3个月的护照,如果旅客经阿姆斯特丹转机去其他国家,需准备好目的地国家的签证。

截至2022年12月,南航在深圳已经恢复4条国际航线,包括深圳至雅加达、莫斯科、迪拜、新加坡航线。随着深圳直飞阿姆斯特丹航线的开航,南航在深圳运营的国际航线达到5条。2023年,南航深圳分公司正逐步推进菲律宾、越南、柬埔寨、泰国等地的航线恢复,并计划加密印尼的航班,持续加强与深圳产业高度关联城市的连通性,为推进高水平对外开放搭建更加畅通的空中通道。

(资料来源:中国新闻网《南航深圳直飞阿姆斯特丹航线首航》)

请思考:

你知道我国飞往世界各地都有哪些航线吗?

教学内容

2020年,我国共有定期航班航线5581条,国内航线4686条。其中,港澳台航线94条,国际航线895条。按重复距离计算的航线里程为1357.72万千米,按不重复距离计算的航线里程为942.63万千米,定期航班国内通航城市(或地区)237个(不含香港、澳门和台湾地区)。我国航空公司国际定期航班通航62个国家的153个城市,内地航空公司定期航班从25个内地城市通航香港、从17个内地城市通航澳门,大陆航空公司从43个大陆城市通航台湾地区。

2022年,我国共有定期航班航线4670条,国内航线4334条。其中,港澳台航线27条,国际航线336条。按重复距离计算的航线里程为1032.79万千米,按不重复距离计算的航线里程为699.89万千米。2022年,定期航班国内通航城市(或地区)249个(不含香港、澳门和台湾地区)。我国航空公司国际定期航班通航50个国家的77个城市,内地航空公司定期航班从20个内地城市通航香港、从5个内地城市通航澳门,大陆航空公司从7个大陆城市通航台湾地区。

一、我国的国际航线

(一)我国国际航线分布特征

(1)我国的国际航线向东连接日本、韩国、北美地区,形成极为密集的中日航线、中韩航线、中美航线，向西连接欧洲形成中欧航线，而这些国际地区都属于北半球的中纬度地区，因此呈现东西走向趋势，是北半球航空圈中重要的一部分。

（2）我国是亚太地区航空运输网的重要组成部分，与东南亚、大洋洲等地的航线密度较大。

（3）航线以北京首都国际机场、北京大兴国际机场、上海浦东国际机场、广州白云国际机场四大机场作为国际门户枢纽机场，集中了我国大多数国际航线。

（4）以大连、青岛、厦门、深圳等沿海城市，成都、西安、沈阳、南京、武汉、长沙等内陆重要城市，哈尔滨、乌鲁木齐、昆明等沿边城市为门户的国际航线，分别向东、西、南邻近国家辐射，形成东线、西线和南线。

（二）我国的主要国际航线

按照我国航线的分布特征，我国的国际航线基本可以分为东线、西线和南线。

1 东线

东线主要由近程的中日航线、中韩航线和远程的北美航线组成。

中日航线是我国目前通航城市最多、航班密度最大、运营航空公司最多的重要国际航线。中日航线中，日本的主要通航城市有东京、大阪、福冈、广岛、名古屋等，中国的主要通航城市有北京、上海、广州、深圳、厦门、杭州等。

中韩航线是我国第二大国际航线。中韩航线中，韩国的主要通航城市有首尔、济州等，中国的主要通航城市有北京、上海、广州、青岛、沈阳、厦门等。目前，北京首都国际机场一天内就有超过50班次航班往返于北京—首尔。

北美航线中主要是中美航线。中美航线是目前我国重要的远程航线，也是竞争激烈的航线之一。中美航线中，美国的主要通航城市有温哥华、旧金山、西雅图、洛杉矶、纽约等，中国的主要通航城市有北京、上海、广州、南京、厦门等。

2 西线

西线大致可分为中国—欧洲航线、中国—中东航线。

中国—欧洲航线，是指从我国东部城市向西飞越欧亚大陆，途经中东到英国、法国、德国、意大利、荷兰等欧洲各国的航线。中国—中欧航线中，欧洲的主要通航城市有莫斯科、柏林、伦敦、法兰克福、巴黎、布达佩斯、维也纳、罗马、米兰、马德里等，中国的主要通航城市有北京、上海、广州、天津、深圳、青岛、沈阳、郑州、西安、杭州、成都等。

中国—中东航线，这里的中东航线泛指从我国东部城市到亚洲中南部地区的中程国际航线。中国—中东航线中，亚洲中南部地区的主要通航城市有新德里、孟买、达卡、科威特等，中国的主要通航城市有北京、上海、广州、厦门、深圳、成都、西安、青岛等。

3 南线

南线主要包括我国东部城市到东南亚地区、大洋洲及太平洋岛屿的航线，它是我国重要的中近程国际航线。

南线中,东南亚地区的主要通航城市有吉隆坡、槟城、马尼拉、雅加达、新加坡、普吉岛、金边、胡志明市、曼谷等,大洋洲及太平洋岛屿的主要通航城市有墨尔本、悉尼、布里斯班、塞班等,中国主要通航城市有北京、上海、广州、厦门、深圳、昆明等。

除以上主要通航城市航线外,还有沿边地区的短程国际航线。例如,KMG(昆明)—RGN(仰光)、NNG(南宁)—HAN(河内)、CAN(广州)—SGN(胡志明市)、URC(乌鲁木齐)—TAS(塔什干)等。

二、我国的国内航线

(一)我国国内航线的分布特征

(1)我国国内航线集中分布于哈尔滨—北京—西安—成都—昆明一线以东的地区。其中,又以北京、上海、广州的三角地带最为密集。

(2)我国国内航线大多以大、中城市为中心向外辐射,由若干个放射状的系统相互连通,共同形成国内的航空网络。

(3)我国国内航线多呈南北向分布。在此基础上,又有部分航线从沿海向内陆延伸,呈东西向分布。

(二)我国国内的主要航线

根据我国国内航线的分布特点,可将其分为若干个放射性系统,每一个系统均以某个机场为中心向外辐射。根据中心机场与相连机场的客货吞吐量大小,有以下几个重要放射系统。

1 以北京为中心的辐射航线

以北京为中心的辐射航线有:BJS(北京)—CAN(广州)、SHA(上海)、SIA(西安)、CTU(成都)、KMG(昆明)、XMN(厦门)、HGH(杭州)、SZX(深圳)、KWL(桂林)、HRB(哈尔滨)、DLC(大连)、CGQ(长春)、HFE(合肥)、URC(乌鲁木齐)、HAK(海口)、TSN(天津)、HKG(香港)。

2 以上海为中心的辐射航线

以上海为中心的辐射航线有:SHA(上海)—CAN(广州)、KWL(桂林)、CTU(成都)、SIA(西交)、HRB(哈尔滨)、DLC(大连)、WUH(武汉)、FOC(福州)、XMN(厦门)、CKG(重庆)、KMG(昆明)、URC(乌鲁木齐)、HAK(海口)、LXA(拉萨)、HKG(香港)。

3 以广州为中心的辐射航线

以广州为中心的辐射航线有:CAN(广州)—BJS(北京)、SHA(上海)、CTU(成都)、

KWL(桂林)、KMG(昆明)、KHN(南昌)、NKG(南京)、NNG(南宁)、SHE(沈阳)、DLC(大连)、CGQ(长春)、SIA(西安)、HAK(海口)、CKG(重庆)、URC(乌鲁木齐)。

4 以香港为中心的辐射航线

以香港为中心的辐射航线有:HKG(香港)—BJS(北京)、SHA(上海)、DLC(大连)、TSN(天津)、TAO(青岛)、HGH(杭州)、FOC(福州)、KMG(昆明)、SIA(西安)、CKG(重庆)、CTU(成都)、SWA(汕头)。

任务实施

归纳总结我国的国际航线和国内航线。

(1)将同学们分组。

(2)各小组上网查询"航班时刻表",归纳总结我国的国际航线和国内航线。

(3)各小组分别列出从北京、上海和广州能直飞到的国内和国际城市及飞行时间。列出的城市越多,准确率越高,得分越高。

任务评价

根据任务实施评分表,对任务实施的结果进行评价。

考核内容	分值	自评分	小组评分	教师评分	得分
归纳总结我国的国际航线和国内航线	10				
从北京直飞的国内城市数量和准确性	15				
从北京直飞的国际城市数量和准确性	15				
从上海直飞的国内城市数量和准确性	15				
从上海直飞的国际城市数量和准确性	15				
从广州直飞的国内城市数量和准确性	15				
从广州直飞的国际城市数量和准确性	15				
总分	100				

课后测试

简述我国国际航线的分布特征。

任务三　熟悉东北地区的主要空港城市、机场及航空企业

1. 熟悉东北地区的主要空港城市。
2. 熟悉东北地区的主要机场。
3. 了解东北地区的主要航空企业。

1. 能够准确而熟练地说出东北地区的主要空港城市及其主要机场分布,并能在地图上准确地指出其所处位置。
2. 能够较为熟练地说出东北地区的主要航空企业及其运营范围。

任务导入

沈阳是中华人民共和国航空工业的摇篮,是我国重要的飞机、发动机研制基地,依托沈飞、黎明、601所、606所等一批重要航空主机厂所,建立了相对完整的航空全产业链,也是国内航空产业发展基础较好、较有增长潜力的地区。

沈阳市委、市政府高度重视航空产业发展,已将航空产业作为全市重点发展的8条产业链之一,为加快培育壮大沈阳市航空航天产业,研究制定了《沈阳市航空航天产业中长期发展规划(2023—2030年)》和《沈阳市航空航天产业发展三年行动计划(2023—2025年)》,并已经市委、市政府审议通过。

沈阳认真对比了成都、西安等同类地区发展经验和做法,深入分析了沈阳市航空航天产业发展现状和形势,面向未来产业发展态势,研究提出了在南部建设沈阳临空经济区,在北部建设沈阳航空航天城,在法库打造通航产业基地,构建"双核一基地"的空间格局。明确了重点产业方向,即重点布局整机总装、大部件及关键零部件、机载系统、航空服务4个产业方向,并联动发展航天产业、空天衍生产业,构建"4+2"产业体系。到2025年,产业规模突破1200亿元。

在推进"双核一基地"建设过程中,沈阳市各地区将结合各自产业基础和优势,实现错位发展。其中,在沈阳临空经济区,重点发展民用航空、航空动力、航空服务三大主导产业,力争成为具有全球影响力和竞争力的民用航空产业聚集区、国内领先的航空动力产业中心

和航空服务基地；在沈阳航空航天城，重点发展航空产业、航天产业、空天衍生产业三大主导产业及配套服务业，建设成为全球重要的空天新技术策源地、具有全国影响力的空天生态城、沈阳新一轮稳增长的关键引擎；在法库通航产业基地，重点发展以通用飞机、无人机产业为主的通航制造及试飞产业、以工业研学为主的低空旅游产业、以通航为主的航空物流产业，将通航产业基地打造成国家级通航特色小镇。

到2025年，围绕1200亿元发展目标，沈阳市将推进三个方面重点任务。一是在培育壮大产业链方面，巩固发展飞机和发动机、突破发展民机总装和大部件、培育壮大无人机和通航产业、配套发展航空材料和机载系统、加快发展航空服务业等；二是在加快构建创新链方面，推动联合技术攻关、打造燃机创新中心等；三是在大力提升产业生态方面，提升沈阳临空经济区民机、航空动力及航空服务产业承载能力，壮大沈阳航空航天城飞机整机及零部件产业规模，促进法库通航产业基地无人机及通航产业与低空旅游融合发展，组建航空航天基金，争取低空空域管理改革试点，积极组织航空赛事及活动，提升航空产业影响力。

（资料来源：东北新闻网《沈阳：力争到2025年航空航天产业规模突破1200亿元》）

请思考：

影响地区航空业发展的具体因素有哪些？

中国航空运输区划分为东北地区、华北地区、华东地区、中南地区、西北地区、西南地区、新疆地区七大区。对应七大区的管理局分别是东北地区管理局、华北地区管理局、华东地区管理局、中南地区管理局、西北地区管理局、西南地区管理局、新疆管理局。各管理局辖区省份如表3-1所示。另外，港澳台地区中，香港特别行政区、澳门特别行政区的航空运输发展事宜由特别行政区政府管理，台湾地区的航空运输发展事宜由台湾当局管理。

表3-1 中国航空运输管理局辖区省份表

管理局名称	辖区省份
东北地区管理局	黑龙江、吉林、辽宁
华北地区管理局	北京、天津、河北、山西、内蒙古
华东地区管理局	上海、江苏、浙江、山东、安徽、江西、福建
中南地区管理局	广东、广西、湖北、湖南、河南、海南
西北地区管理局	陕西、甘肃、青海、宁夏
西南地区管理局	重庆、四川、贵州、云南、西藏
新疆管理局	新疆

 **教学内容**

 一、黑龙江运输地理布局

(一) 主要航空港城市

黑龙江主要航空港城市有哈尔滨等。

哈尔滨是黑龙江省省会,是中国东北地区的政治、经济、文化中心。哈尔滨全市总面积约为5.31万平方千米,市辖区面积约为10198平方千米。截至2021年,哈尔滨常住人口为988.5万。

哈尔滨市是中华人民共和国航空工业发源地之一,我国第一架直升机直5、第一架轻型喷气轰炸机轰5、第一架大型水上反潜轰炸机水轰5在这里升空翱翔,以直9系列、直19军用直升机、AC312系列、AC352民用直升机和运12E、运12F固定翼飞机为代表的产品体系,构建出一机多型、系列发展的产品格局,为维护国家国防安全和区域经济发展做出了突出贡献。其中,运12是我国第一种获得国际权威适航证的飞机,顺利打入国际市场并得到业界好评。

哈尔滨地处东北亚中心地带,是东北地区空中走廊和第一条欧亚大陆桥的重要枢纽,也是中国历史文化名城、热点旅游城市和国际冰雪文化名城。哈尔滨是我国城市发展战略定位中的沿边开发开放中心城市、东北亚区域中心城市、对俄合作中心城市,有"冰城""天鹅项下的珍珠""丁香城""东方莫斯科""东方小巴黎"之美称,还有"文化之都""音乐之都""冰城夏都"的美誉。

哈尔滨国际冰雪节是我国历史上第一个以冰雪活动为主题的国际性节日,每年1月5日开幕,持续1个月,是一场融体育、文化、经贸、旅游、科技等多领域活动为一体的盛会。哈尔滨因夏季气候适宜,成为有名的避暑胜地。

(二) 主要民用机场

黑龙江现有民用机场13个,包括1个区域性枢纽机场、8个支线机场,主要情况如表3-2所示。

表3-2 黑龙江民用机场情况

机场名称	机场等级	三字代码
哈尔滨太平国际机场	4E	HRB
大庆萨尔图机场	4C	DQA
牡丹江海浪国际机场	4C	MDG
佳木斯东郊机场	4C	JMU

续表

机场名称	机场等级	三字代码
齐齐哈尔三家子机场	4C	NDG
黑河瑷珲机场	4C	HEK
鸡西兴凯湖机场	4C	JXA
漠河古莲机场	4C	OHE
伊春林都机场	4C	LDS
抚远东极机场	4C	FYJ
建三江湿地机场	4C	JSJ
大兴安岭鄂伦春机场	4C	JGD
五大连池德都机场	4C	DTU

其中,哈尔滨太平国际机场(见图3-4)距离哈尔滨市区33千米,是黑龙江最大的枢纽机场。哈尔滨太平国际机场地处东北亚中心位置,是东南亚至北美航线的经停点,是中国东北地区较繁忙的三大国际航空港之一。其净空条件好,机场跑道长3200米,飞行区技术等级为4E,可起降各类大中型客机。哈尔滨太平国际机场导航设备齐全,可提供全天候的导航服务。

图3-4　哈尔滨太平国际机场

哈尔滨太平国际机场共有国航、南航、东航、深航、川航、海航和韩国韩亚等45家国内外航空公司投入运营,开通国内、国际航线199条,通航城市100个,已经初步形成了以哈尔滨为中心,辐射全国重要城市,延伸至俄罗斯、日本、韩国等周边国家和欧洲、美洲主要国家的空中交通网络。

二、吉林运输地理布局

（一）主要航空港城市

长春是吉林省省会，截至2022年，长春市下辖7个区、1个县，代管3个县级市，总面积24744平方千米，常住人口906.54万。长春市地处北半球中纬度地带，欧亚大陆东岸的中国东北大平原腹地，位于我国东北地区中部，地处京哈与珲乌两条交通线交会处，是吉林省的政治、经济、文化中心。

长春是近海城市，享受国家沿海开放城市有关优惠政策。根据国务院《长吉图开放开发先导区发展规划》，开发建设以长春、吉林和图们江一带为核心，横贯中蒙大通道，向外辐射东北经济区、大图们江经济圈和东北亚经济区。

长春是"中国四大园林城市"之一，被誉为"北国春城"，有着深厚的近代城市底蕴和众多"伪满"时期建筑，保有中国现存"三大帝王宫殿"之一的伪满皇宫和八大部。此外，长春也有"汽车城"和"电影城"之称，中国第一汽车集团公司和长春电影集团均坐落于长春。

（二）主要民用机场

吉林现有民用机场6个，主要情况如表3-3所示。

表3-3　吉林民用机场情况

机场名称	机场等级	三字代码
长春龙嘉国际机场	4E	CGQ
延吉朝阳川国际机场	4D	YNJ
长白山机场	4C	NBS
松原查干湖机场	4C	YSQ
通化三源浦机场	4C	TNH
白城长安机场	4C	DBC

长春龙嘉国际机场是中国东北地区四大国际机场之一，是东北亚区域重要的航空交通枢纽，也是我国主要建设的干线机场，如图3-5所示。

长春龙嘉国际机场于2003年5月29日全面开工建设，2005年8月27日正式投入使用，结束了长春没有民航专用机场的历史。长春龙嘉国际机场位于长春东北部的九台龙嘉镇，有高速铁路龙嘉站连接机场航站楼，是东北唯一一座实现了大型机场和高速铁路无缝衔接的大型国际机场，也是我国主要建设的干线机场和东北亚门户枢纽，项目为民航局、吉林省政府和长春市政府共同投资建设的重点工程，是吉林省"十五"期间百项重点工程之一。长春龙嘉国际机场现为首都机场集团下属机场，可以同时为省内各大城市提供航空服务。

图3-5 长春龙嘉国际机场

三、辽宁航空运输地理布局

（一）主要航空港城市

1 沈阳市

沈阳是辽宁省省会，别称盛京、奉天。沈阳位于中国东北地区南部，是长江三角洲、珠江三角洲、京津冀地区通往关东地区的综合枢纽城市。截至2022年，沈阳下辖10个区、2个县，代管1个县级市，总面积12860平方千米，全市常住人口914.7万。

沈阳故宫始建于公元1625年，是清王朝入关前清太祖努尔哈赤、清太宗皇太极建造的皇宫，又称盛京皇宫。清世祖福临在此即位称帝。沈阳故宫是国家重点文物保护单位，是中国现存最完整的两座宫殿建筑群之一，现已辟为沈阳故宫博物院。北京、沈阳两座故宫构成了中国仅存的两大完整的皇宫建筑群。

2 大连市

大连位于辽东半岛最南端，地处黄海、渤海之滨，北依辽阔的东北平原，南与山东半岛隔海相望，是中国东部沿海重要的经济、贸易、港口、工业、旅游城市。大连总面积约为12574平方千米，人口608.7万（2022年）。大连环境绝佳，有"东北之窗""北方明珠""浪漫之都"之称，是中国东北对外开放的窗口和最大的港口城市。

大连是中国著名的避暑胜地和旅游热点城市，依山傍海，气候宜人，环境优美，适宜居住，夏无酷暑，冬无严寒，平均气温为10 ℃左右，年降雨量550—950毫米，无霜期6个月。

（二）主要民用机场

辽宁现有民用机场8个，主要情况如表3-4所示。

表3-4 辽宁民用机场情况

机场名称	机场等级	三字代码
大连周水子国际机场	4E	DLC

续表

机场名称	机场等级	三字代码
沈阳桃仙国际机场	4E	SHE
锦州锦州湾机场	4C	JNZ
营口兰旗机场	4C	YKH
鞍山腾鳌机场	4C	AOG
丹东浪头机场	4C	DDG
朝阳机场	4C	CHG
长海大长山岛机场	1B	CNI

1 沈阳桃仙国际机场

沈阳桃仙国际机场是辽宁省的枢纽性机场,如图3-6所示。该机场属于是中国一级干线机场,是中国八大区域性枢纽机场之一、东北地区重要航空枢纽,也是辽宁中部城市群(沈阳经济区)沈阳、抚顺、本溪、铁岭、辽阳、鞍山、营口、阜新共用机场。沈阳桃仙国际机场距市区18千米,与毗邻城市有高速公路相连。2023年7月,沈阳桃仙国际机场国内通航点达到98个,运营航线192条。同时,2023年以来,沈阳桃仙国际机场稳定运营首尔、釜山、东京、大阪等8条国际地区客运航线。

图3-6 沈阳桃仙国际机场

2 大连周水子国际机场

大连周水子国际机场位于中国辽宁省大连市甘井子区,为4E级民用机场,是东北地区四大机场之一、辽宁省南北两翼的重要空港之一。2023年夏航季航班计划,新航季共有42家国内外航空公司在大连运营183条航线,与110个国内城市、1个地区城市和4个国际城市通航,计划周航班量3800余架次,日均540架次。

四、东北地区主要航空公司

东北地区主要航空企业及IATA代码、总部所在地、主运营基地等如表3-5所示。

表 3-5　东北地区主要航空企业

企业名称	IATA	总部	主运营基地	机队规模	企业标识
中国南方航空集团北方分公司	CZ	沈阳	沈阳桃仙国际机场	约28架	
中国南方航空集团黑龙江分公司	CZ	哈尔滨	哈尔滨太平国际机场	约25架	中国南方航空 CHINA SOUTHERN AIRLINES
中国南方航空集团吉林分公司	CZ	长春	长春龙嘉国际机场	约21架	
中国南方航空集团大连分公司	CZ	大连	大连周水子国际机场	约26架	
大连航空有限责任公司	CA	大连	大连周水子国际机场	约9架	大连航空 DALIAN AIRLINES

1　中国南方航空股份有限公司北方分公司

中国南方航空集团北方公司前身是中国北方航空公司,成立于1990年6月16日,总部在沈阳。中国南方航空集团北方公司设有吉林、大连两个分公司,以及天鹅、北亚两个子公司,形成了以哈尔滨、长春、大连为分支,以三亚为呼应的基地布局。根据2002年中国民航体制改革重组规划,2002年10月,中国北方航空公司与中国南方航空公司、新疆航空公司重组成新的中国南方航空股份有限公司。重组后,中国北方航空公司正式启用"中国南方航空集团北方公司"的名称,并统一使用IATA航空公司代码"CZ",分公司总部设在沈阳。

2　大连航空有限责任公司

大连航空有限责任公司(以下简称"大连航空")成立于2011年8月8日,是由国航和大连保税正通有限公司共同出资组建。其中,国航占80%,大连保税正通有限公司占20%。2012年7月21日,大连航空有限责任公司得到了中国民航局的正式批准,是东北地区首家本土航空公司。

任务实施

介绍东北地区主要的航空港城市、机场。
(1)进行分组活动。
(2)以小组为单位收集、整理资料,了解东北地区的主要航空港城市、机场概况和三字代码。
(3)小组介绍东北地区主要的航空港城市、机场。

任务评价

根据任务实施评分表,对任务实施的结果进行评价。

考核内容	分值	自评分	小组评分	教师评分	得分
正确描出东北地区的轮廓,并圈出该地区的主要空港城市	25				
对东北地区机场的了解程度	25				
对东北地区主要航空公司的了解程度	25				
语言表达能力	10				
小组合作能力	15				
总分	100				

课后测试

写出沈阳桃仙国际机场、大连周水子国际机场、哈尔滨太平国际机场的IATA代码。

项目综合测试

项目四　中国中部航空区运输布局

总述

本项目,我们将学习华北、华东、中南地区的主要空港城市、机场及航空企业的相关知识,以备我们更加深入地了解中部航空区域的运输布局及航空业发展概况。

任务一　熟悉华北地区的主要空港城市、机场及航空企业

知识目标

1. 熟悉华北地区的主要空港城市。
2. 熟悉华北地区的主要机场。
3. 了解华北地区的主要航空企业。

技能目标

能够在地图上准确地指出华北地区的主要航空港城市所在位置。

任务导入

中国民用航空华北地区管理局2022年3月15日报道,2022年是实施"十四五"规划、开启全面建设社会主义现代化国家新征程承上启下的关键一年,此次"两会"也是本届人大和政协最后一次全国性大会,具有重大而非凡的特殊意义。2022年举办时间与北京2022年冬残奥会重叠,又是首次在北京大兴国际机场集中保障,故此次"两会"航空运输保障任务安全规格高、疫情防控要求严的特点尤为突出。

请思考:

华北地区的主要机场有哪些?北京大兴国际机场在北京民航运输中处于什么地位?

教学内容

一、区域概况

华北地区包括北京、天津两市和河北、山西两省以及内蒙古自治区的部分地区。华北地区北临东北地区,西、南与西北地区、中南地区相接,东临黄海和渤海。华北地区地理位置优越,是连接东北、西北、东南和中南的中央枢纽,在全国交通运输处于中枢地位。华北地区又是首都北京所在地,历史悠久,经济发达,是中国北方经济重心,也是环渤海经济圈的主体部分。

二、主要空港城市及其机场分布

华北地区主要机场及其代码如表4-1所示。

表4-1 华北地区主要机场及其代码

机场名称	代码	省市
北京首都国际机场	PEK	北京
北京南苑机场	NAY	北京
天津滨海国际机场	TSN	天津
石家庄正定机场	SJW	河北
秦皇岛山海关机场	SHP	河北
邯郸机场	HDG	河北
唐山三女河机场	TVS	河北
太原武宿国际机场	TYN	山西
长治王村机场	CIH	山西
大同云冈机场	DAT	山西
运城公关机场	YCU	山西
呼和浩特白塔国际机场	HET	内蒙古
阿尔山机场	YIE	内蒙古
包头二里半机场	BAV	内蒙古
赤峰玉龙机场	CIF	内蒙古
通辽机场	TGO	内蒙古
乌海机场	WUA	内蒙古

续表

机场名称	代码	省市
巴彦淖尔机场	RLK	内蒙古
鄂尔多斯机场	DSN	内蒙古
二连浩特赛乌苏国际机场	ERL	内蒙古
乌兰浩特机场	HLH	内蒙古
锡林浩特机场	XIL	内蒙古
海拉尔东山机场	HLD	内蒙古
满洲里西郊机场	NZH	内蒙古

（一）北京市

北京是中国的首都,简称京,位于华北平原北端,东南与天津相连,其余为河北省所环绕。北京面积约1.64万平方千米。北京是全国政治、经济、文化中心和最大陆空交通枢纽,也是世界著名的大城市。北京有着3000余年的建城史和860年的建都史,是中国四大古都之一,具有一定的国际影响力。

北京荟萃了自元、明、清以来的中华文化,拥有众多名胜古迹和人文景观,是全球拥有世界文化遗产最多的城市。北京在历史上曾为六朝都城,建造了许多宏伟壮丽的宫廷建筑,使北京成为中国拥有帝王宫殿、园林、庙坛和陵墓数量最多、内容最丰富的城市。其中的北京故宫,原为明、清两代的皇宫,住过20多位皇帝,建筑宏伟壮观,完美地体现了中国传统的古典风格和东方格调,是中国乃至全世界现存最大的宫殿,是中华民族宝贵的文化遗产。北京旅游资源丰富,对外开放的旅游景点达200多处,有世界上最大的皇宫紫禁城、祭天神庙天坛、皇家花园北海、皇家园林颐和园和圆明园,还有八达岭长城、慕田峪长城以及世界上最大的四合院恭王府等名胜古迹。北京旅游业发展迅速,已成为全国最大的旅游中心城市和旅游者集散地。

北京对全国航空运输的发展有着举足轻重的作用。目前,北京除了建有北京首都国际机场外,还有北京大兴国际机场、北京八达岭机场、北京西郊机场、北京沙河机场、北京良乡机场等。

1 北京首都国际机场

北京首都国际机场(Beijing Capital International Airport,IATA:PEK,ICAO:ZBAA),简称首都机场或北京机场,是目前中国最繁忙的民用机场,也是中国国际航空公司的基地机场。

北京首都国际机场(见图4-1)位于北京市顺义区,西南距北京市中心25千米,南距北京大兴国际机场67千米,为4F级国际机场。北京首都国际机场拥有2座塔台、3座航站楼,有2条4F级跑道、1条4E级跑道,长宽分别为3800米×60米、3200米×50米、3800米×60米,是中国国内唯一拥有3条跑道的国际机场。

图 4-1　北京首都国际机场

截至2023年,北京首都国际机场拥有机位共314个,共开通国内外航线252条。几乎所有北京的国内国际航班均在北京首都国际机场停靠和起飞。机场和北京市区由北京机场高速公路连接,在路况良好的情况下只需40分钟即可到达。为迎接2008年北京奥运会,北京市还修建了一条北京地铁机场线(机场快轨),从市区东直门到达北京首都国际机场T2航站楼大约15分钟。2021年,北京首都国际机场新增3个国内航点,分别为淮安、图木舒克和荆州。

作为欧洲、亚洲及北美洲的核心节点,北京首都国际机场有着得天独厚的地理位置、方便快捷的中转流程、紧密高效的协同合作,使其成为连接亚、欧、美三大航空市场最为便捷的航空枢纽。国航、东航、南航、海航等中国国内主要航空公司均已在北京首都国际机场设立运营基地。星空联盟、天合联盟和寰宇一家世界三大航空联盟也都视北京首都国际机场为重要的中转枢纽。随着日益完善的国际航线网络的形成,使得北京首都国际机场成为世界上非常繁忙的一个机场,每天有92家航空公司的近1700个航班将北京与世界243个机场紧密连接。

2　北京大兴国际机场

北京大兴国际机场(Beijing Daxing International Airport,IATA:PKX,ICAO:ZBAD),位于北京市大兴区榆垡镇、礼贤镇和河北省廊坊市广阳区之间。北京大兴国际机场(见图4-2)北距北京首都国际机场67千米,南距雄安新区55千米,西距北京南郊机场约640米(围场距离),为4F级国际机场、世界级航空枢纽、国家发展新动力源。

2014年12月26日,北京新机场项目开工建设。2018年9月14日,北京新机场项目定名北京大兴国际机场。2019年9月25日,北京大兴国际机场正式通航,北京南苑机场正式关闭。2019年10月27日,北京大兴国际机场航空口岸正式对外开放,实行外国人144小时过境免签、24小时过境免办边检手续政策。

截至2021年2月,北京大兴国际机场航站楼面积为78万平方米。民航站坪设223个机位,其中76个近机位、147个远机位;有4条运行跑道,东一、北一和西一跑道宽60米,分别长3400米、3800米和3800米,西二跑道长3800米、宽45米,另有3800米长的第五跑道为军用跑道;可满足2025年旅客吞吐量7200万人次、货邮吞吐量200万吨、飞机起降航班62万架次的使用需求。

图 4-2 大兴国际机场

2021年,北京大兴国际机场共完成旅客吞吐量2505.1012万人次,同比增长55.7%,全国排名第11位;货邮吞吐量185942.7吨,同比增长140.7%,全国排名第18位;飞机起降航班211238架次,同比增长58.7%,全国排名第12位。

(二) 天津市

天津简称津,是中华人民共和国省级行政区、直辖市、国家中心城市、超大城市,以及国务院批复确定的中国北方对外开放的门户,也是中国北方的航运中心、物流中心和现代制造业基地。截至2022年,天津市下辖16个区,总面积11966.45平方千米,常住人口1363万。2022年,天津市实现地区生产总值为16311.34亿元。

2006年3月22日,国务院常务会议将天津完整定位为环渤海地区经济中心、国际港口城市、北方经济中心、生态城市,并将"推进滨海新区开发开放"纳入"十一五"规划和国家战略,设立为国家综合配套改革试验区。2009年11月10日,国务院批复同意天津市调整滨海新区行政区划,天津经济进入高速发展时代,增速连续多年位于全国领先位置。天津已经形成了"双城双港"的城市形态。

天津位于滨海平原,具有建机场的良好自然条件,又是我国北方的最大工业城市和外贸港口,具备发展航空运输的社会条件。

天津滨海国际机场(Tianjin Binhai International Airport,IATA:TSN,ICAO:ZBTJ),始建于1939年11月,其前身为天津张贵庄机场,1996年10月改名为天津滨海国际机场。天津滨海国际机场(见图4-3)拥有航站楼2座,分别为T1(国际及地区)、T2(国内),现有跑道2条,长度分别为3600米、3200米,有机位59个。飞行区等级4F级,可以满足各类大型飞机全载起降。航站楼面积达36.4万平方米,货库7.4万平方米,具有管制二次雷达、卫星通信终端、机场数据传输网络等先进的导航通信设备及完善的地面保障设施。2021年,天津滨海国际机场共完成旅客吞吐量1512.7110万人次,全国排名第21位;货邮吞吐量19.4887万吨,全国排名第17位。2023年夏秋航季,天津滨海国际机场新开、重开及加密82条航线,运营航线240条,国内、国际通航城市108座。

图 4-3　天津滨海国际机场

（三）石家庄市

石家庄市简称石，旧称石门，是河北省省会，全省政治、经济、科技、金融、文化和信息中心，是国务院批准实行沿海开放政策、金融对外开放及批复确定的中国京津冀地区重要中心城市，也是全国重要的商品集散地和北方重要的大商埠、全国性商贸会展中心城市、中国国际数字经济博览会永久举办地及中国（河北）自由贸易试验区，以及中部战区陆军机关驻地。截至2021年，石家庄市下辖8个区、11个县，代管3个县级市，总面积14530平方千米。2022年，石家庄常住人口1122.35万人，城镇人口801.79万人，城镇化率为71.44%。

石家庄市地处中国华北地区、河北省中南部、环渤海湾经济区，跨华北平原和太行山地两大地貌，属温带季风气候。石家庄市是全国粮、菜、肉、蛋、果主产区之一，被国家确定为优质小麦生产基地，素有"北方粮仓"之称。境内京广、石太、石德、石太客运专线、京广高铁、石济高铁等多条铁路干线纵横交错，是中国铁路运输主枢纽城市，被誉为"南北通衢，燕晋咽喉"。石家庄市也是中国优秀旅游城市，境内的西柏坡是国家5A级景区，是解放战争时期中国革命的领导中心。

2022年，石家庄市地区生产总值7100.6亿元，比2021年同比增长6.4%。其中，第一产业增加值558.3亿元，增长5.2%；第二产业增加值2334.1亿元，增长5.4%；第三产业增加值4208.2亿元，增长7.0%。

石家庄正定国际机场（Shijiazhuang Zhengding International Airport，IATA：SJW，ICAO：ZBSJ），位于河北省石家庄市正定县东北部，距市区32千米，为4E级民用国际机场，是京津冀城市群的重要空中门户、北京首都国际机场的备降机场、区域航空枢纽、中国北方重要的国际航空货运中转基地。

石家庄正定国际机场（见图4-4）于1995年2月正式开航。1996年3月，石家庄航空口岸正式对外开放。2008年7月，石家庄正定机场更名为石家庄正定国际机场。石家庄正定国际机场跑道全长3400米，现有1号、2号2座航站楼，总面积20.9万平方米。

2020年，石家庄正定国际机场旅客吞吐量820.3万人次，同比减少31.2%；货邮吞吐量86390.4吨，同比增长62.3%；飞机起降航班7.680万架次，同比减少1.4%。

图 4-4　石家庄正定国际机场

(四) 呼和浩特市

呼和浩特市通称呼市,是内蒙古自治区首府,也是全区政治、经济、文化、科教和金融中心,被誉为"中国乳都",获得国家森林城市、中国优秀旅游城市、国家历史文化名城、全国十大幸福城市、全国民族团结进步模范城市、全国双拥模范城市等称号。

2021年,呼和浩特市下辖4个市辖区、4个县和1个旗,总面积1.72万平方千米。2022年,呼和浩特市常住人口355.11万,城镇人口283.39万,城镇化率为79.80%。2022年,呼和浩特市地区生产总值为3329亿元,位于2022年中国内地GDP百强城市榜单第98位。

呼和浩特市位于亚欧大陆内部,是呼包鄂城市群中心城市之一。呼和浩特市是连接黄河经济带、亚欧大陆桥、环渤海经济区域的重要桥梁,也是中国向蒙古国、俄罗斯开放的重要沿边开放中心城市。

呼和浩特市是国家历史文化名城、中华文明的发祥地之一。先秦时期,赵武灵王在此设云中郡,故址在今呼市西南托克托县境。民国时期为绥远省省会,蒙绥合并后,呼和浩特市成为内蒙古自治区首府。呼市中心城区本是由归化城与绥远城两座城市在清末民国合并而成,故名归绥。1954年,改名为呼和浩特,蒙古语意为"青色的城"。

呼和浩特白塔国际机场(Hohhot Baita International Airport,IATA:HET;ICAO:ZBHH)位于呼和浩特市赛罕区机场路,距离市中心14.3千米,为4E级民用国际机场,是内蒙古自治区第一大航空枢纽(见图4-5)。

图 4-5　呼和浩特白塔国际机场

呼和浩特白塔国际机场于1958年10月1日正式建成通航,定名为呼和浩特白塔机场,2007年7月12日更名为呼和浩特白塔国际机场。截至2018年10月,机场拥有一座航站楼,为T1(中国国内及国际),共5.44万平方米;共有一条跑道,跑道长度为3600米;有停机机位43个;共开通中国国内外航线124条,通航城市91个。

2019年,呼和浩特白塔国际机场旅客吞吐量1315.18万人次,同比增长68.2%;货邮吞吐量4.61万吨,同比增长14.8%;起降航班11.21万架次,同比增长6.5%;分别位居全国第32位、第41位、第32位。

三、主要航空企业

(一)中国国际航空股份有限公司

中国国际航空股份有限公司(Air China,IATA:CA,ICAO:CCA),简称国航,前身是成立于1988年7月1日的中国国际航空公司,总部、主运营基地为北京首都国际机场,三字结算代码为999。国航是中国航空集团公司控股的航空运输主业公司,与中国东方航空股份有限公司和中国南方航空股份有限公司合称中国三大航空公司。

根据国务院批准通过的《民航体制改革方案》,2002年10月28日,中国国际航空公司联合中国航空总公司和中国西南航空公司,成立了中国航空集团公司,并以联合三方的航空运输资源为基础,组建新的中国国际航空公司。2004年9月30日,作为中国航空集团公司控股的航空运输主业公司,中国国际航空股份有限公司在北京正式成立,继续保留原中国国际航空公司的名称,并使用中国国际航空公司的标志,继续被指定为我国唯一载国旗飞行的航空公司。2007年12月,中国国际航空公司正式加入世界上最大的航空联盟——星空联盟。

国航目前是中国唯一悬挂中华人民共和国国旗和承担中国国家领导人出国访问的专机任务,并承担外国元首和政府首脑在国内的专机、包机任务的航空公司。国航也是中国民航安全水平高、综合规模最大、拥有最新最好机队的航空公司,以及国内航空公司第一品牌、北京2008年奥运会航空客运合作伙伴。

国航的企业标识(见图4-6)由一只艺术化的凤凰和中国改革开放的总设计师邓小平同志书写的"中国国际航空公司"以及英文"AIR CHINA"构成。国航的企业标识既是凤凰,同时又是英文"VIP"(尊贵客人)的艺术变形,颜色为中国传统的大红色,具有吉祥、圆满、祥和、幸福的寓意。

图4-6　国航标识

目前,国航辖有西南、浙江、重庆、内蒙古、天津、上海、湖北、贵州、西藏分公司、华南基地以及工程技术分公司等,并全资拥有中国国际货运航空有限公司,控股北京飞机维修工程有限公司、澳门航空、深圳航空、大连航空,参股国泰航空、山东航空,是山东航空集团有限公司的最大股东。

国航主要经营的业务包括:国际、国内定期和不定期航空客、货、邮和行李运输;国内、国际公务飞行业务;飞机执管业务,航空器维修;航空公司之间的代理业务;与主营业务有关的地面服务和航空快递(信件和信件性质的物品除外);机上免税品等。

(二)中国联合航空有限公司

中国联合航空有限公司(China United,IATA:KN,ICAO:CUA),简称中联航、中国联合航空(见图4-7),三字结算代码为822。

图4-7 中联航标识

中国联合航空成立于1986年12月25日,是由空军与22个省、市以及大型企业联合组建,是一家以北京南苑机场为主运营基地的航空公司。2004年,经中国民用航空总局正式批准重新组建成立了中国联合航空有限公司,中联航成为一家从事公共运输的商业航空公司。2010年10月,中国联合航空有限公司被中国东方航空正式划为旗下。2012年11月26日,东航全资的中国联合航空有限公司和原东航河北分公司完成联合重组,成为新的中国联合航空有限公司(简称新中联航)。此次整合后,东航在京、冀地区进一步形成了以北京首都国际机场、北京南苑机场、河北正定国际机场为营运基地,互为联动补充的格局。

2019年9月26日起,中国联合航空整体搬迁至北京大兴国际机场运行,原北京南苑机场始发及到达的所有航班均改至北京大兴国际机场。

(三)大新华航空有限公司

大新华航空有限公司(Grand China,IATA:CN,ICAO:GDC),简称大新华航空(见图4-8),三字结算代码为895,是海航集团旗下的航空公司,成立于2004年。

图4-8 大新华航空标识

2007年11月27日,新华航空控股有限公司更名为大新华航空有限公司。大新华航空有限公司注册资本为30.86亿元,其中,代表海南省政府的海南省发展控股有限公司占

48.61%，海航集团有限公司占19.07%，索罗斯旗下的Starstep Limited占18.64%，另外扬子江投资控股有限公司和海南琪兴实业投资有限公司分别占股8.10%和5.28%。

2007年11月29日，海南航空集团在北京宣布，作为海南航空集团航空产业的核心企业，大新华航空有限公司正式成立并投入运营。海南航空集团计划把旗下海南航空、新华航空、长安航空、山西航空的资产注入大新华航空，由多法人变更为单一法人，通过收购海南航空集团旗下的新华航空、长安航空、山西航空其他股东的股权，最终完成4家公司的合并。作为两家独立运行的航空公司，大新华航空、海南航空还维持双品牌的独立经营。大新华航空的组建，是海航集团整合内部航空运输资源、创建国际化航空运输企业的起点，是海航构建世界级航空企业群和打造世界级品牌的关键一笔。

大新华航空通过整合将成为中国民航继中国国际航空公司、中国南方航空、中国东方航空三大航空集团的中国国内第四大航空集团。大新华航空的目标是做旅客认同的世界级航空公司。

任务实施

1. 以小组为单位，通过查找资料，试介绍北京首都国际机场。
2. 以小组为单位，通过查找资料，试介绍中国国际航空股份有限公司。

任务评价

根据任务实施评分表，对任务实施的结果进行评价。

	考核内容	分值	自评分	教师评分	实得分
能力	掌握中国地理位置、地理特征和区位优势	20			
	掌握从北京始发主要飞行航线经过省市的地理知识	20			
	了解主要飞行航线经过省市的地标、经济情况、风土人情和旅游资源	20			
	语言表达能力	20			
	分析总结正确	20			
	总　分	100			

课后测试

1. 简述华北地区主要空港城市的地理位置。
2. 简述华北地区主要机场的IATA代码。

任务二　熟悉华东地区的主要空港城市、机场及航空企业

知识目标

1. 熟悉华东地区的主要空港城市。
2. 熟悉华东地区的主要机场。
3. 了解华东地区的主要航空企业。

技能目标

能够在地图上准确地指出华东地区的主要航空港城市所在位置。

任务导入

《华东地区民航"十四五"发展规划》中指出，华东地区是我国民航发展较活跃、国际化程度较高、创新能力较强的区域，在全国民航发展大局和民航强国建设新征程中具有重要的战略地位。2021年，国内各地区旅客吞吐量，华东地区占比最高，达到28.1%，排名第一。上海两大机场2021年旅客吞吐量达到6541万人次，位列全国城市之首。

请思考：

华东地区目前有哪些主要机场？上海空港在华东地区民航运输中有哪些重要作用？

教学内容

一、区域概况

华东地区包括山东、江苏、安徽、浙江、江西、福建、台湾七省及上海市，面积约83万平方千米。2023年7月，华东地区经济总量约占全国GDP的40%，常住人口约占全国总人口的30%（以上统计的数据均不包括台湾地区的相关数据）。华东地区人口密度大，城镇分布密集，是我国经济发达的地区，特别是长江三角洲的沪宁杭地区是全国重要的经济重心之一。华东地区内、区外经济联系紧密，交通便捷，尤其上海是东部沿海最大的水、陆、空立体交通枢纽。

华东地区内农业发达，是我国重要的稻米生产基地，也是水产品基地和棉花、油料等经济作物的产地。华东地区工农业生产水平较高，许多工业产品产量居全国首位。华东地区

的航空工业较为发达，上海飞机制造有限公司是我国能参加制造大中型现代化运输机的企业。

二、主要空港城市及其机场分布

华东地区主要机场及其代码如表4-2所示。

表4-2 华东地区主要机场及其代码

机场名称	代码	省市
济南遥墙国际机场	TNA	山东
青岛流亭国际机场	TAO	山东
威海大水泊国际机场	WEH	山东
潍坊南苑机场	WEF	山东
烟台莱山国际机场	YNT	山东
临沂启阳机场	LYI	山东
济宁曲阜机场	JNG	山东
东营胜利机场	DOY	山东
南京禄口国际机场	NKG	江苏
徐州观音国际机场	XUZ	江苏
南通兴东国际机场	NTG	江苏
连云港白塔埠机场	LYG	江苏
盐城南洋国际机场	YNZ	江苏
常州奔牛机场	CZX	江苏
无锡硕放机场	WUX	江苏
淮安涟水国际机场	HIA	江苏
厦门高崎国际机场	XMN	福建
武夷山机场	WUS	福建
泉州晋江国际机场	JIN	福建
福州长乐国际机场	FOC	福建
连城冠豸山机场	LCX	福建
阜阳机场	FUG	安徽
安庆天柱山机场	AQG	安徽

续表

机场名称	代码	省市
合肥新桥国际机场	HFE	安徽
黄山屯溪机场	TXN	安徽
上海虹桥国际机场	SHA	上海
上海浦东国际机场	PVG	上海
衢州机场	JUZ	浙江
义乌机场	YIW	浙江
宁波栎社国际机场	NGB	浙江
杭州萧山国际机场	HGH	浙江
温州龙湾国际机场	WNZ	浙江
舟山普陀山机场	HSN	浙江
台州路桥机场	HYN	浙江

（一）上海市

上海市位于中国大陆海岸线中部长江口，又称"上海滩"，是中国四大直辖市之一、中国国家中心城市，面积6340.5平方千米。2021年，上海市常住人口为2489.43万人。

上海作为一个国际化大都市，每年举行各种各样的国际会议，其中，有商业的、政治的、文化的、艺术的，上海已成为中国了解世界、世界了解中国的一个窗口。上海拥有中国最大外贸港口和最大工业基地，货物吞吐量和集装箱吞吐量居世界第一。上海又是一座新兴的旅游城市，有浓厚的近代城市文化底蕴和众多历史古迹，并成功举办了2010年世博会。2022年9月27日，人力资源和社会保障部宣布，经世界技能组织召开全体成员大会投票表决，上海获得2026年世界技能大赛主办权。

上海拥有虹桥机场和浦东机场两座国际机场。上海空港是东方航空、中国国际货运航空、中国货运航空和中国最大的两家民营航空春秋和吉祥的主要基地。

❶ 上海虹桥国际机场

上海虹桥国际机场（Shanghai Hongqiao International Airport，IATA：SHA，ICAO：ZSSS），简称虹桥机场，为4E级民用国际机场，是中国三大门户复合枢纽之一、国际定期航班机场、对外开放的一类航空口岸和国际航班备降机场。

上海虹桥国际机场（见图4-9）位于上海市长宁区，距市中心13千米。虹桥机场建成于1907年，建筑面积51万平方米，拥有跑道和滑行道各一条，跑道长3400米、宽57.6米，停机坪约486万平方米，共有66个机位。机场候机楼占地8.2万平方米，拥有15个候机大厅、18个贵宾室和15条行李传输系统。

图4-9　上海虹桥国际机场

2　上海浦东国际机场

上海浦东国际机场（Shanghai Pudong International Airport，IATA：PVG，ICAO：ZSPD），简称浦东机场，飞行区等级4F级，是中国三大国际机场之一，与北京首都国际机场、香港国际机场并称"中国三大国际航空港"。

上海浦东国际机场（见图4-10）位于上海市浦东新区，距上海市中心约30千米，距上海虹桥国际机场约40千米。根据2019年9月官网信息显示，上海浦东国际机场有2座航站楼及1座卫星厅，总面积145.6万平方米，有340个停机位；拥有跑道4条，分别为3800米2条、3400米1条、4000米1条。

图4-10　上海浦东国际机场航站楼

1999年9月16日，浦东机场一期工程建成通航。2005年3月17日，第二跑道正式启用。2008年3月26日，第二航站楼及第三跑道正式通航启用。2015年3月28日，第四跑道正式启用。

2016年12月12日统计，上海浦东国际机场与上海虹桥国际机场年旅客吞吐量突破1亿人次，上海继伦敦、纽约、东京、亚特兰大之后，成为全球第5个航空旅客跨入亿级"俱乐部"的城市。

(二)南京市

南京市位于长江下游,距长江出海口300千米,是江苏省政治、经济、文化中心,也是沪宁杭地区的工商业城市和内河大港,以及我国南北交通的咽喉。自古以来,南京就是沟通中原地区与长江三角洲的交通要津。截至2022年,南京市下辖11个区,总面积6587.02平方千米,建成区面积868.28平方千米,常住人口949.11万人,城镇人口825.80万人,城镇化率为87.01%。

南京有2500多年的建城史和近500年的建都史,是中国四大古都之一,有"六朝古都""十朝都会"之称。在历史上,南京长期是中国南方的政治、文化中心,有着厚重的文化底蕴和丰富的历史遗存,是中国首批国家历史文化名城和全国重点风景旅游城市。

南京禄口国际机场(Nanjing Lukou International Airport,IATA:NKG,ICAO:ZSNJ),简称禄口机场,是江苏省和南京市的门户机场,位于南京市江宁区禄口街道,是国家主要干线机场、一类航空口岸。南京禄口国际机场(见图4-11)是华东地区的主要货运机场,与上海虹桥国际机场、上海浦东国际机场互为备降机场,位列中国千万级大型机场行列,是国家大型枢纽机场、中国航空货物中心和快件集散中心,也是国家区域交通枢纽,已建成辐射亚洲、连接欧美、通达澳洲的航线网络。

图4-11　南京禄口国际机场

南京禄口国际机场于1995年2月开工建设,1997年7月1日正式通航;2005年被世界卫生组织授予"国际卫生机场"称号;2009年旅客吞吐量突破千万人次,进入中国千万级大型机场行列;2014年7月二期工程建成启用;2015年6月开通南京至洛杉矶航线,南京成为中国第5个开通直达欧、澳、美三大洲定期客运航线的城市。截至2020年8月,禄口机场为4F级机场,有2条3600米跑道、2座航站楼、2座货运站和1座交通中心,候机楼建筑面积42.5万平方米,机坪面积近110万平方米,规模居华东第二;拥有135条国内航线和23条国际航线,通达国内外115个航点。截至2023年7月,南京禄口机场旅客吞吐量1560.47万人次,在全国排名第11位。

(三)杭州市

杭州市位于中国华东地区、钱塘江下游北岸、京杭大运河南端,是我国著名的风景旅游城市、首批国家历史文化名城,是"丝绸之路经济带"和"21世纪海上丝绸之路"的延伸交点和"网上丝绸之路"战略枢纽城市。杭州市总面积16850平方千米,下辖10个市辖区、2个县,代管1个县级市。截至2022年末,杭州市常住人口1237.6万人。

杭州是中华文明的发祥地、中国著名的六朝古都之一,以"东南名郡"著称于世,自古就有"上有天堂,下有苏杭"的美誉,是全国重点风景旅游城市和首批历史文化名城。杭州还是古老神州的"鱼米之乡""丝绸之府""文物之邦",一直以物质财富丰饶繁盛和文化艺术源远流长而享有"人间天堂"的美誉。经过2000多年的保护、开发和建设,杭州已经从一个山中小县,出落成自然环境和人文底蕴相映生辉的国家历史文化名城、著名山水旅游胜地,以及东南沿海地区现代化的政治中心、经济中心、交通枢纽和文化都会。

杭州萧山国际机场(Hangzhou Xiaoshan International Airport,IATA:HGH,ICAO:ZSHC),简称萧山机场,位于浙江省杭州市萧山区,距市中心27千米,为4F级民用国际机场。杭州萧山国际机场(见图4-12)是中国十二大干线机场之一、国际定期航班机场、对外开放的一类航空口岸和国际航班备降机场。2019年10月,杭州萧山国际机场成为实行144小时过境免签政策的航空口岸。

图4-12 杭州萧山国际机场

杭州萧山国际机场由原杭州笕桥机场民航部分异地搬迁新建,工程1997年7月正式动工,2000年12月建成通航。2007年11月,二期工程开工建设,2012年12月建成投运。

杭州萧山国际机场占地10平方千米,拥有4座航站楼,T1、T3(国内)航站楼、T2(国际及港澳台地区)航站楼和T4航站楼;共有2条跑道,长度分别为3600米和3400米,可满足A380及以下机型备降要求;客机停机坪110万平方米,登机桥49座,货机停机坪5.2万平方米,可满足年旅客吞吐量3300万人次、货邮吞吐量80.5万吨、起降航班26万架次的保障需求。截至2015年,杭州萧山国际机场有机位127个,开通航线数量235条,其中国内航线196条。2019年12月,杭州萧山国际机场年旅客吞吐量突破4000万人次,在全国排名第10位。2019年以来,杭州萧山国际机场的入境旅客也达到了545万人次。

（四）厦门市

厦门位于福建省东南端，西接漳州，北邻泉州，东南与大小金门和大担岛隔海相望，通行闽南语，是闽南地区的主要城市之一。厦门市境域由福建省东南部沿厦门湾的大陆地区和厦门岛、鼓浪屿等岛屿以及厦门湾组成。截至2022年，厦门市下辖6个区，总面积1700.61平方千米，常住人口为530.80万人，城镇化率为90.19%。厦门市是一座美丽的海滨城市，风景秀丽，气候宜人，属于亚热带海洋性气候，是一个非常适合人类居住的城市。

厦门高崎国际机场（Xiamen Gaoqi International Airport，IATA：XMN，ICAO：ZSAM），简称高崎机场，位于中国福建省厦门市湖里区，为4E级民用国际机场，是中国东南沿海重要的区域性航空枢纽、中国十二大干线机场之一。

厦门高崎国际机场距厦门市中心10千米，地处闽南金三角的中心地带，与台湾隔海相望，三面临海，环境优美，净空条件优越，具有良好的区位优势。厦门高崎国际机场于1983年建成通航。1996年11月，机场3号候机楼投入使用。2014年12月，4号候机楼正式启用，机场年旅客吞吐能力上升至2700万人次。图4-13为厦门高崎国际机场T4航站楼。

图4-13 厦门高崎国际机场T4航站楼

厦门高崎国际机场拥有1条3400米长跑道和2条平行滑行道及10条联络道，停机坪总面积77万平方米，停机位89个，候机楼总建筑面积为23.78万平方米；共通航109个城市，开通境内外航线182条。2022年，厦门高崎国际机场完成旅客吞吐量1012.56万人次、货邮吞吐量26.21万吨、起降航班9.98万架次，分别位居中国第17位、第12位、第23位。

三、主要航空公司

（一）中国东方航空集团有限公司

中国东方航空集团有限公司（China Eastern，IATA：MU，ICAO：CES），简称东航，三字结算代码为781。中国东方航空集团有限公司（见图4-14）是国务院国资委监管的中央企业,也是我国三大骨干航空运输集团之一,总部设在上海。

中国东方航空公司成立于1988年6月25日。1997年2月4日、5日及11月5日,中国东方航空股份有限公司分别在纽约证券交易所、香港联合交易所、上海证券交易所成功挂牌上市,是中国民航第一家在香港、纽约、上海三地上市的航空公司。根据国务院批准的《民航体制改革方案》,2002年10月,以中国东方航空公司为主体,兼并中国西北航空公司,联合中国云南航空公司,组建新的中国东方航空集团,作为集团控股的航空运输主业,继续使用中国东方航空公司的名称和标识。2011年6月21日,中国东方航空正式加入天合联盟。

图4-14　中国东方航空标识

东航主要从事国内和国际航空的客、货、邮、行李运输和通用航空等业务及延伸服务,航线除了包括国内航线外,也经营从上海等地至国际各大城市的国际航线。东航拥有贯通中国东西部,连接亚洲、欧洲、澳洲和美洲的航线网络。东航机队主要的机型包括空中客车A320、空中客车A330、空中客车A340、波音737和ERJ-145等,拥有各型飞机350多架,通达世界187个国家、1000个目的地的航空运输网络,主要从事国内和国际航空的客、货、邮、行李运输、通用航空等业务及延伸服务。

(二)上海航空股份有限公司

上海航空股份有限公司(Shanghai Airlines,IATA:FM,ICAO:CSH),简称上海航空、上航,三字结算代码为774。

上海航空股份有限公司(见图4-15)位于上海虹桥国际机场,前身是上海航空公司,成立于1985年12月,是中国第一家多元化投资的商业性质有限责任航空企业。

图4-15　上海航空标识

上海航空立足上海航空枢纽港,以经营国内干线客货运输为主,同时从事国际和地区航空客、货运输及代理,2006年7月投资成立上海国际货运航空公司,经营国际、国内航空货邮运输业务,2007年12月12日上海航空成为世界上最大航空联盟——星空联盟的正式成员。2009年6月,上海航空与中国东方航空开始联合重组,由中国东方航空通过换股吸收合并上海航空,2010年2月重组完成,上海航空正式成为中国东方航空全资子公司,更名为上海航空有限公司,并继续保留独立品牌,独立运营。同时,宣布退出星空联盟。2011年,上海航空随同母公司中国东方航空股份有限公司一同加入天合联盟。

上航拥有以波音及空客为主的先进机队100余架,开辟国内航线百余条,还通达了日本、韩国、泰国、澳大利亚、新加坡、吉隆坡、布达佩斯、中国香港地区、中国澳门地区和中国台北等17条中远程国际及地区航线,年运输旅客1239.54万人次。

(三) 厦门航空有限公司

厦门航空有限公司(Xiamen Air, IATA: MF, ICAO: CXA), 简称厦航, 三字结算代码为731。

厦门航空有限公司成立于1984年7月25日, 是由民航局与福建省合作创办的中国首家按现代企业制度运营的航空公司, 现股东为中国南方航空股份有限公司(55%)、厦门建发集团有限公司(34%)和福建省投资开发集团有限责任公司(11%)。厦门航空的企业标志为"蓝天白鹭"(见图4-16)。

图4-16　厦门航空标识

厦航总部设在厦门, 下辖福州、杭州、南昌、天津、北京、长沙、重庆、泉州、上海等分公司, 主营国内航空客货运输业务、福建省及其他经中国民用航空局批准的指定地区始发至邻近国家或地区的航空客货运输业务, 于2012年11月21日正式加入天合联盟, 成为天合联盟的第19位成员, 也是该联盟在大中华地区继中国南方航空、中国东方航空、台湾中华航空之后的第4个天合联盟成员。

截至2022年12月, 厦航机队规模达到210架飞机。目前运营国内外航线400余条, 年旅客运输量近4000万人次, 已有超过1600万人加入厦航常旅客计划。在国际航协270多家成员航空公司中, 厦航的收入规模排名列前30位, 旅客周转量跻身前13位。2016年, 厦航荣获第二届中国质量奖, 成为中国服务业首家获此殊荣的企业, 同时也是中国民航唯一获奖的航空公司。自2020年参评以来, 厦航连续3年获得世界著名航空服务测评机构APEX颁发的五星级国际航空公司大奖, 2022年更是荣获世界级航空公司大奖(World Class Award), 成为首家跻身"世界八强"的中国航空公司。

✈ 任务实施

1. 通过查找资料, 试介绍上海浦东国际机场。
2. 通过查找资料, 试介绍中国东方航空集团有限公司。

✈ 任务评价

根据任务实施评分表, 对任务实施的结果进行评价。

考核内容		分值	自评分	教师评分	实得分
能力	了解华东地区的地理位置、地理特征和区位优势	20			

续表

考核内容		分值	自评分	教师评分	实得分
能力	掌握从上海始发主要飞行航线经过省市的地理知识	20			
	了解主要飞行航线经过省市的地标、经济情况、风土人情和旅游资源	20			
	语言表达能力	20			
	分析总结正确	20			
总 分		100			

课后测试

1. 简述上海航空港的地理位置及重要性。
2. 概括杭州城市发展特色。

任务三 熟悉中南地区的主要空港城市、机场及航空企业

知识目标

1. 熟悉中南地区的主要空港城市。
2. 熟悉中南地区的主要机场。
3. 了解中南地区的主要航空企业。

技能目标

能够在地图上准确地指出中南地区的主要空港城市所在位置。

任务导入

2023年3月17日,民航局发布《2022年全国民用运输机场生产统计公报》,并发布2022年全国民用运输机场吞吐量排名榜单。广东省是全国唯一一个旅客吞吐量超过5000万人次的省份,达到5824万人次,而且是遥遥领先于第二名。得益于旅客吞吐量第一的广州白云国际机场、第三的深圳宝安国际机场,广东省大幅领先于第二名四川省,而且超过约2000万人次。

请思考:

中南地区目前有哪些机场?城市的经济增长与航空业发展是什么关系?

教学内容

中南地区位于我国中部偏南区域,面积约100万平方千米,包括河南、湖北、湖南、广东、海南五省及广西壮族自治区。中南地区又可以细分为华中区和华南区。

中南地区经济发展的历史悠久,南部沿海一带经济发达。其中,珠江三角洲是全国三大经济核心区之一,也是世界著名的制造业生产基地。

中南地区主要机场及其IATA代码如表4-3所示。

表4-3 中南地区主要机场及其IATA代码

机场名称	代码	省(区)
郑州新郑国际机场	CGO	河南
洛阳北郊机场	LYA	河南
南阳姜营机场	NNY	河南
武汉天河国际机场	WUH	湖北
襄阳刘集机场	XFN	湖北
宜昌三峡机场	YIH	湖北
恩施许家坪机场	ENH	湖北
长沙黄花国际机场	CSX	湖南
张家界荷花国际机场	DYG	湖南
常德桃花源机场	CGD	湖南
永州零陵机场	LLF	湖南
怀化芷江机场	HJJ	湖南
海口美兰国际机场	HAK	海南
三亚凤凰国际机场	SYX	海南
南宁吴圩国际机场	NNG	广西
桂林两江国际机场	KWL	广西
北海福成机场	BHY	广西
柳州白莲机场	LZH	广西
梧州西江机场	WUZ	广西

续表

机场名称	代码	省(区)
百色巴马机场	AEB	广西
广州白云国际机场	CAN	广东
深圳宝安国际机场	SZX	广东
湛江机场	ZHA	广东
揭阳潮汕国际机场	SWA	广东
珠海金湾机场	ZUH	广东
梅州梅县机场	MXZ	广东
佛山沙堤机场	FUO	广东

(一)广州市

广州市位于珠江三角洲中北部,倚珠江、面南海,毗邻香港和澳门。广州总面积7434.40平方千米,2022年末广州市辖11个区,共34个镇、142个街道,常住人口1873.41万人。2022年,广州市实现地区生产总值(初步核算数)28839.00亿元,是中国第三大城市。广州市是广东省省会,也是广东省的政治、经济、科技、教育和文化中心,以及国家重要的中心城市、国际商贸中心、综合交通枢纽。广州具有2200多年的历史,素有"千年商都"的美誉,是古代海上丝绸之路的始发地、中国历史悠久且唯一从未关闭过的对外通商口岸。广州气候宜人,森林覆盖率达42.14%,被联合国评为"国际花园城市",获联合国改善人居环境最佳范例奖。

广州白云国际机场(Guangzhou Baiyun International Airport,ICAO:ZGGG,IATA:CAN),简称白云机场,为4F级民用国际机场。广州白云国际机场(见图4-17)位于广东省广州市白云区人和镇和花都区新华街道、花东镇交界处,距广州市中心约28千米。广州白云国际机场是中国三大门户复合枢纽机场之一、国家"一带一路"倡议和"空中丝绸之路"的重要国际航空枢纽之一,也是粤港澳大湾区核心枢纽机场、世界前50位主要机场之一。

图4-17 广州白云国际机场

广州白云国际机场前身为1932年始建的旧白云机场。1963年,更名为广州白云国际机场。2004年8月5日,新广州白云国际机场正式启用。2015年2月5日,广州白云国际机场第三跑道投入使用。2018年4月26日,广州白云国际机场T2号航站楼正式启用。

2020年1月机场官网信息显示,广州白云国际机场拥有2座航站楼,分别为T1(中国国内及国际港澳台)、T2(中国国内及国际港澳台),共118.17万平方米;共有3条跑道,跑道长度分别为3800米、3800米、3600米;有标准机位269个(含FBO),可保障年旅客吞吐量8000万人次、货邮吞吐量250万吨、飞机起降航班62万架次。广州白云国际机场共开通中国国内外230多个通航点,其中国际及地区航点近90个,航线超过400条。广州与国内、东南亚主要城市形成"4小时航空交通圈",与全球主要城市形成"12小时航空交通圈"。

2020年,广州白云国际机场旅客吞吐量4376.04万人次,成为全球复苏最快、客流量最大的机场,在国际机场协会(ACI)2020年度全球机场服务质量旅客满意度测评中脱颖而出,排名第一,取得"质""量"全球双第一的非凡成绩。

2020年9月27日,广州白云国际机场三期扩建工程开工,主体工程包括2条新建跑道、42万平方米的T3航站楼和超过190个机位的机坪。

(二)桂林市

桂林市位于广西壮族自治区东北部、湘桂走廊南端,面积约2.78万平方千米。2022年,桂林市常住人口为495.63万人。桂林市气候温和湿润,是世界著名的风景游览城市和中国历史文化名城,因漓江而魅力无穷,享有名闻天下的"山水甲天下"之美誉。

桂林两江国际机场(Guilin Liangjiang International Airport,IATA:KWL,ICAO:ZGKL),简称两江机场,是国际一级民用4F级干线机场。桂林两江国际机场(见图4-18)位于桂林市临桂区两江镇,距市中心约28千米,是衔接"一带一路"的南北陆路新通道和面向东盟国家重要城市国际性机场、国务院定位的国际旅游航空枢纽。

图4-18 桂林两江国际机场

1991年9月,两江机场经国务院、中央军委正式批准立项,并于1993年7月开工建设。1996年10月1日,两江机场正式建成通航。截至2015年7月28日,桂林是全国唯一一个获批2项(入、过)境(免签)签证便利政策的城市。桂林两江国际机场是继北京、上海、广州、成都、重庆、沈阳、大连和西安之后，中国第9个实现72小时过境免签政策的机场，也是广西唯一一个过境免签的机场及4F级机场。

2016年6月25日，以桂林两江国际机场为主运行基地，成立桂林航空有限公司，是国内首家以地级市城市名义设立的航空公司，主要经营国内客货运输业务，以桂林为核心，辐射华中、华东、华南，构建"两小时空中巴士交通圈"。

截至2018年7月，桂林两江国际机场总面积15.56万平方米，跑道长度为3200米，客机停机坪57.45万平方米，停机机位51个（其中4F机位2个），登机桥31个，飞行航线达到112条，通航城市76个，飞行桂林的航空公司达到38家。

（三）武汉市

武汉市简称汉，别称江城，是湖北省省会、副省级市、特大城市、国家中心城市，也是中部地区中心城市、全国重要的工业基地、科教基地和综合交通枢纽。截至2021年，武汉市下辖13个区，总面积8569.15平方千米，常住人口1364.89万人。

武汉地处江汉平原东部、长江中游，是长江经济带核心城市、中部崛起战略支点、中国人民解放军联勤保障部队机关驻地。武汉自古又称"江城"，素有"九省通衢"之称，长江与其最大支流汉江在此交汇，形成武昌、汉口、汉阳三镇隔江鼎立的格局。武汉是全国重要的水陆空综合交通枢纽、中国经济地理中心、全国四大铁路枢纽之一。武汉也是国际湿地城市，市内江河纵横、百湖密布，水域面积占全市总面积的1/4。

武汉天河国际机场（Wuhan Tianhe International Airport，IATA：WUH，ICAO：ZHHH），简称天河机场，它是中国中部首家4F级民用国际机场。武汉天河国际机场（见图4-19）位于湖北省武汉市黄陂区，距武汉市中心25千米，为中国八大区域性枢纽机场之一、国际定期航班机场、对外开放的一类航空口岸。2019年1月，武汉天河国际机场开始实行144小时过境免签政策。

图4-19　武汉天河国际机场

天河机场于1995年4月15日正式建成通航，定名为武汉天河机场；2000年，武汉天河机场被确定为国际机场；2008年4月，完成二期扩建工程。三期扩建工程于2013年6月实质性动工，2017年6月通过竣工验收，2017年8月通过行业验收并投入使用。

截至2020年8月，武汉天河国际机场拥有1座航站楼，总面积49.5万平方米；拥有2条跑道,长度分别为3400米和3600米;共有机位117个,航空货站5.6042万平方米;可满足年旅客吞吐量3500万人次、货邮吞吐量44万吨、飞机起降航班40.4万架次的需要。

2019年,武汉天河国际机场旅客吞吐量2715万人次,同比增长10.8%;货邮吞吐量24.3万吨,同比增长9.8%;运输起降航班20.3万架次,同比增长8.2%。

武汉天河国际机场T3航站楼于2017年正式启用,原T1、T2航站楼所有航班、大巴、出租车等均转移至T3航站楼运营。2023年,天河机场5座远机位登机厅正式投用。

(四)长沙市

长沙市别称星城,属亚热带季风气候,气候温和。长沙市是湖南省辖地级市、省会、特大城市,以及国务院批复确定的长江中游地区重要的中心城市、长株潭城市群中心城市。长沙地处华中地区,是全国"两型社会"综合配套改革试验区、中国重要的粮食生产基地,以及长江中游城市群和长江经济带重要的节点城市、综合交通枢纽和国家物流枢纽。

长沙市是首批国家历史文化名城,历经3000年城名、城址不变,有"屈贾之乡""楚汉名城""潇湘洙泗"之称。战国时,长沙是楚国在南方的战略要地,曾为汉长沙国国都和南楚国都,历代均为湖南及周边的政治、经济、文化、交通中心。世界考古奇迹马王堆汉墓、四羊方尊、世界上最多的简牍均在长沙。岳麓书院是湖湘大地文化教育的象征,凝练出"经世致用、兼收并蓄"的湖湘文化。长沙既是清末维新运动和旧民主主义革命策源地之一,又是新民主主义的发祥地之一,走出了黄兴、蔡锷、刘少奇等名人。截至2021年,长沙市辖6个区、1个县,代管2个县级市,总面积11819平方千米,常住总人口1023.93万人。2022年,长沙市实现地区生产总值13966.11亿元。

长沙黄花国际机场(Changsha Huanghua International Airport,IATA:CSX,ICAO:ZGHA,CAAC:HHA),简称黄花机场,是4E级国际机场。长沙黄花国际机场(见图4-20)位于长沙市长沙县黄花镇空港城一号路,西距长沙市中心23.5千米,为中国十二大干线机场之一、国际定期航班机场、对外开放的一类航空口岸、中国十大区域性国际航空枢纽之一、中国(湖南)自由贸易试验区门户机场、湖南航空主运营基地。

图4-20 长沙黄花国际机场

1986年6月25日，长沙黄花机场动工兴建；1989年8月29日，长沙黄花机场正式启用；1993年，长沙黄花机场正式更名为长沙黄花国际机场。2016年1月1日，长沙黄花国际机场实行外国人72小时过境免签政策。截至2021年7月，长沙黄花国际机场拥有2座航站楼，其中T1航站楼面积5.3万平方米，T2航站楼面积21.3万平方米，4座航空货站，面积共8.2471万平方米；民航站坪设87个机位，其中32个近机位；有2条近距跑道，第一跑道长3200米、宽45米，第二跑道长3800米、宽60米；可满足年旅客吞吐量3500万人次、货邮吞吐量44万吨、飞机起降航班24.4万架次的使用需求。

2021年，长沙黄花国际机场共完成旅客吞吐量1998.3064万人次，全国排名第12位；货邮吞吐量209074.5吨，全国排名第16位；飞机起降航班16.2977万架次，全国排名第15位。

（五）海口市

海口别称椰城，是海南省辖地级市、海南省会，也是国家"一带一路"建设支点城市、海南自由贸易港核心城市、北部湾城市群重要节点城市。海口地处海南岛北部，东邻文昌市，南接定安县，西连澄迈县，北临琼州海峡与广东省隔海相望，是南渡江入海口、铁路轮渡入口。海口地处热带，是一座富有海滨自然旖旎风光的南方滨海城市，被誉为国内外游客的度假天堂。

海口美兰国际机场（Haikou Meilan International Airport，IATA：HAK，ICAO：ZJHK），许可证载明飞行区指标为4E，机场设计飞行区指标为4F。海口美兰国际机场（见图4-21）位于中国海南省海口市东南方向18千米处，为国际机场、区域航空枢纽。

图4-21　海口美兰国际机场

海口美兰国际机场于1999年5月25日正式通航。2011年12月，海口美兰国际机场成为中国国内首家拥有离岛免税店的机场；2016年1月完成一期航站楼改扩建工程；2015年11月，开始二期扩建项目；2019年4月，海口美兰国际机场二期航站楼主体基本完工；2020年6月1日，二期扩建项目进行首次校飞；2021年12月2日，机场二期项目正式投运。

2022年1月机场官网显示，海口美兰国际机场占地面积1140公顷，站坪面积125.02万平方米，拥有1条长3600米、宽45米跑道和1条长3600米、宽60米跑道；航站楼总规模近45万平方米，停机位139个。

截至2021年12月2日,海口美兰国际机场旅客吞吐量达到1621.08万人次;航班运输起降航班达到12.65万架次;货邮吞吐量达到22.08万吨。海口美兰国际机场吞吐量排名位居全国第16位。

三、主要航空企业

(一)中国南方航空股份有限公司

中国南方航空股份有限公司(China Southern Airlines,IATA:CSN,ICAO:CZ),简称南航,三字结算代码为784。中国南方航空股份有限公司(见图4-22)总部设在广州,成立于1995年3月25日,以蓝色垂直尾翼镶红色木棉花为公司标志,是中国航班最多、航线网络最密集、年客运量最大的民用航空公司。南航年客运量居亚洲第一、世界第三,机队规模居亚洲第一、世界第四,是全球第一家同时运营空客A380和波音787的航空公司。

南航坚持"安全第一"的核心价值观,先后联合重组、控股参股多家国内航空公司,是加入国际性航空联盟的中国内地航空公司,与中国国际航空股份有限公司和中国东方航空股份有限公司合称中国三大民航集团。

1993年10月,以中国南方航空公司为核心企业正式成立中国南方航空集团公司。根据国务院《民航体制改革方案》,2002年10月,以中国南方航空公司为主体,联合北方航空公司和新疆航空公司,组建新的中国南方航

图4-22　南航标识

空集团,作为集团控股的航空运输主业,继续使用中国南方航空公司的名称和标识。南航下辖有新疆、北方、北京、深圳、黑龙江、吉林、大连、湖北、湖南、海南、广西、珠海直升机、台湾等多家分公司和厦门(厦门航空有限公司)、汕头、贵州、珠海、重庆、河南等多家控股子公司。

2019年和2020年,南航旅客运输量分别为1.52亿人次和0.97亿人次,连续42年居中国各航空公司之首。南航年旅客运输量居亚洲第一、世界第二,货邮运输量世界前十。截至2020年12月,南航运营包括波音787、777、737系列,以及空客A380、A330、A320系列等型号客货运输飞机超过860架,是全球首批运营空客A380的航空公司。南航每天有3000多个航班飞往全球40多个国家和地区的224个目的地,有航线网络1000多条,提供座位数超过50万个。

近年来,南航全力打造广州—北京双枢纽,通过新开和优化航线网络,致力建设两大综合性国际航空枢纽。在广州,南航持续10年稳步建设"广州之路"(Canton Route),服务"一带一路"和粤港澳大湾区。截至2019年,南航在广州白云国际机场的通航点达163个,其中国际及地区通航点55个。南航广州枢纽已成为中国大陆至大洋洲、东南亚的第一门户。

(二)海南航空股份有限公司

海南航空股份有限公司(Hainan Airlines,IATA:HU,ICAO:CHH),简称海航,三字结算代码为880。海南航空股份有限公司(见图4-23)是一家总部设在海南省海口市的中国第一家A股和B股同时上市的航空公司,是海航集团旗下航空公司,以海口美兰国际机场为基地。海南航空是继中国南方航空公司、中国国际航空公司及中国东方航空公司后中国第四大的航空公司,也是中国首家被Skytrax评为五星级的航空公司。

图4-23 海南航空标识

海南航空集团前身为海南航空有限公司,于1993年1月由海南省航空公司经规范化股份制改造后建立,1993年5月正式开航运营,经过不断扩充发展,已形成跨行业的海南航空集团。集团控股或参股的航空公司有经营国内国际干线的大新华航空(合并运行海南航空、新华航空、长安航空、山西航空),有提供旅客运输、包机业务和为高端客户服务的首都航空(金鹿航空有限公司),有专门为支线旅客提供服务的天津航空(原大新华快运),还有专业提供货运服务的扬子江快运公司和提供高效、低成本服务的祥鹏航空、西部航空等。

(三)深圳航空有限责任公司

深圳航空有限责任公司(Shenzhen Airlines,IATA:ZH,ICAO:CSZ),简称深航,三字结算代码为479。深圳航空有限责任公司(见图4-24)是一家位于广东省深圳市的航空公司,其基地为深圳宝安国际机场。

图4-24 深圳航空标识

深圳航空有限责任公司于1992年11月成立,1993年9月17日正式开航。目前,深航股东为中国国际航空股份有限公司、深国际全程物流(深圳)有限公司等,主要经营航空客、货、邮运输业务。截至2010年7月,深航及其控股的河南航空、昆明航空、翡翠货运等航空公司共拥有波音747、波音737、空客320、空客319等各类型干线客货机100多架,经营国内国际航线160多条。

任务实施

1. 通过查找资料,试介绍广州白云国际机场。
2. 通过查找资料,试介绍中国南方航空股份有限公司。

任务评价

根据任务实施评分表,对任务实施的结果进行评价。

考核内容		分值	自评分	教师评分	实得分
能力	掌握中南地区的地理位置、地理特征和区位优势	20			
	掌握从武汉始发主要飞行航线经过省市的地理知识	20			
	了解主要飞行航线经过省市的地标、经济情况、风土人情和旅游资源	20			
	语言表达能力	20			
	分析总结正确	20			
总分		100			

课后测试

1. 简述中南地区主要空港城市的地理位置。
2. 简述中南地区主要机场的IATA代码。

项目综合测试

项目五　中国西部航空区运输布局

总述

本项目,我们将学习西南、西北和新疆、港澳台地区的主要空港城市、机场及航空企业的相关知识,以备我们更加深入地了解西部、港澳台地区的航空运输布局及航空业发展概况。

任务一　熟悉西南地区的主要空港城市、机场及航空企业

知识目标

1. 了解西南地区的主要空港城市。
2. 熟悉西南地区的主要机场。
3. 熟悉西南地区的主要航空企业。

技能目标

能够在地图上准确地指出西南地区的主要航空港城市所在位置。

任务导入

2022年上半年,西南地区完成旅客吞吐量5319.9万人次,同期恢复水平分别比全国平均数高出8.7个百分点;共保障起降航班72.2万架次,同期恢复水平比全国平均数高出10.1个百分点。其中,成都枢纽(双流、天府机场)旅客吞吐量1584.2万人次,重庆机场1162.2万人次,昆明机场935.4万人次,分列全国第一、第三和第七。2022年,西南地区各运输机场累计完成旅客吞吐量10710.5万人。2022年,成都枢纽(双流、天府机场)完成运输起降航班27.6万架次、旅客吞吐量3109.2万人次,旅客吞吐量在全国城市中排名第一。国际(地区)客运市场回暖,完成旅客吞吐量35.3万人次,同比增长56.4%。

请思考:

西南地区目前有哪些主要机场?成都双流国际机场在西南地区民航运输中处于什么地位?

 教学内容

一、区域概况

西南地区包括重庆市、四川省、云南省、贵州省和西藏自治区。西南地区地处我国西南边陲,北邻西北、新疆二区,东与中南区相接,南与越南老挝、缅甸、尼泊尔、不丹、印度接界,面积约为230万平方千米。

西南地区地域辽阔,资源丰富,但地形复杂多变,地势起伏不平,使得陆路交通极为不便,公路、铁路造价较高。这样的地形条件对航空运输提出了较大的需求,同时也对机场建设、航路设置、飞行安全产生了制约,特别是对高原飞行提出了更为严苛的技术要求。

二、主要空港城市及其机场分布

西南地区主要机场及其代码如表5-1所示。

表5-1 西南地区主要机场及其代码

城市	三字代码	机场名称
成都	CTU	成都双流国际机场
成都	TFU	成都天府国际机场
绵阳	MIG	绵阳南郊机场
九寨	JZH	九寨黄龙机场
宜宾	YBP	宜宾五粮液机场
泸州	LZO	泸州云龙机场
西昌	XIC	西昌青山机场
达州	DAX	达州河市机场
南充	NAO	南充高坪机场
攀枝花	PZI	攀枝花保安营机场
广元	GYS	广元盘龙机场
康定	KGT	甘孜康定机场
稻城	DCY	稻城亚丁机场
重庆	CKG	重庆江北国际机场
重庆	JIQ	黔江武陵山机场
重庆	WXN	万州五桥机场
重庆	CQW	重庆仙女山机场
重庆	WSK	重庆巫山机场
拉萨	LXA	拉萨贡嘎国际机场

续表

城市	三字代码	机场名称
昌都	BPX	昌都邦达机场
阿里	NGQ	阿里昆莎机场
日喀则	RKZ	日喀则和平机场
林芝	LZY	林芝米林机场
昆明	KMG	昆明长水国际机场
保山	BSD	保山云瑞机场
大理	DLU	大理凤仪机场
德宏芒市	LUM	宏德芒市国际机场
迪庆	DIG	迪庆香格里拉机场
丽江	LJG	丽江三义国际机场
临沧	LNJ	临沧博尚机场
普洱	SYM	普洱思茅机场
西双版纳	JHG	西双版纳嘎洒国际机场
昭通	ZAT	昭通机场
腾冲	TCZ	腾冲驼峰机场
沧澜	JMJ	沧澜景迈机场
贵阳	KWE	贵阳龙洞堡国际机场
安顺	AVA	安顺黄果树机场
六盘水	LPF	六盘水月照机场
毕节	BFJ	毕节飞雄机场
遵义	ZYI	遵义新舟机场
仁怀	WMT	遵义茅台机场
铜仁	TEN	铜仁凤凰机场
凯里	KJH	凯里黄平机场
荔波	LLB	黔南荔波机场
兴义	ACX	兴义万峰林机场
黎平	HZH	黔东南黎平机场

(一) 重庆市

重庆市是中华人民共和国的中央直辖市。重庆简称渝,位于中国内陆西南部、长江上游,是中国面积最大的直辖市,面积约8.24万平方千米,其中主城区建成面积647.78平方千米,2022年常住人口约3213万。重庆是西南地区最大的工业城市、中国重要的中心城市、长江上游地区的经济中心、西南地区综合交通枢纽,交通运输以水运和铁路为主。由于水文、地形因素使地面运输时间较长,随着经济的开放,本区对航空的需求量迅速增加。重庆地处四川盆地,年平均雾日数多,达70多天,故重庆有"雾城"之称。大雾使机场能见度降低,影响航班正点率。

重庆江北国际机场(Chongqing Jiangbei International Airport,ICAO:ZUCK,IATA:CKG),位于中国重庆市渝北区两路街道,距离市中心19千米,为4F级民用国际机场,是中国八大区域枢纽机场之一。重庆江北国际机场(见图5-1)于1985年兴建,1990年1月22日正式通航。2022年,重庆江北国际机场完成旅客吞吐量2167万人次,在全国城市中排名第二。

图5-1 重庆江北国际机场

(二)成都市

成都市是四川省省会,简称蓉,位于四川省中部,地处四川盆地西部的成都平原腹地。成都是中国中西部重要的中心城市之一,面积约1.26万平方千米,2022年常住人口约2126.8万。成都物产丰富,农业发达,自古就有"天府之国"的美誉。

成都双流国际机场(Chengdu Shuangliu International Airport,ICAO:ZUUU,IATA:CTU),位于距离中国四川省成都市中心城区西南方向约16千米的双流县北部,飞行区等级为4F级。成都双流国际机场(见图5-2)是中国八大区域枢纽机场之一,也是中国中西部地区最繁忙的国际机场、中国内陆地区的航空枢纽和最重要的客货集散地。

图5-2 成都双流国际机场

成都天府国际机场(Chengdu Tianfu International Airport, ICAO：ZUTF, IATA：TFU),位于中国四川省成都市简阳市芦葭镇空港大道,是4F级国际机场。成都天府国际机场(见图5-3)北距成都市中心50千米,西北距成都双流国际机场50千米,东北距简阳市中心约14.5千米,为国际航空枢纽、丝绸之路经济带中等级较高的航空港,也是成都国际航空枢纽的主枢纽。

图5-3　成都天府国际机场

2022年,成都枢纽(成都双流国际机场、成都天府国际机场)完成运输起降航班27.6万架次、旅客吞吐量3109.2万人次,旅客吞吐量在全国城市中排名第一。

(三)昆明市

昆明市是云南省省会,别称"春城",地处中国西南地区、云贵高原中部。昆明市面积约2.1万平方千米,2022年常住人口约860万,是面向东南亚南亚开放的门户枢纽。昆明具有2400多年的历史,是云南省政治、经济、文化、科技、交通中心,同时也是我国著名的历史文化名城和优秀旅游城市。

昆明长水国际机场(Kunming Changshui International Airport, ICAO：ZPPP, IATA：KMG),位于云南省昆明市官渡区长水村,距市中心直线距离约24.5千米,是4F级国际机场。昆明长水国际机场(见图5-4)于2012年6月28日8时起开始营运,是中国八大区域枢纽机场之一、国际航空枢纽、中国两大国家门户枢纽机场之一。昆明长水国际机场是中国面向东南亚、南亚和连接欧亚的国家门户枢纽机场,也是云南省及西南地区的中心枢纽机场。2022年,昆明长水机场旅客吞吐量为2123.75万人次,旅客吞吐量在全国城市中排名第四。

图5-4　昆明长水国际机场

(四)拉萨市

拉萨是中国西藏自治区的首府,也是西藏的政治、经济、文化和宗教中心。拉萨位于西藏高原的中部、喜马拉雅山脉北侧,海拔3650米,地处雅鲁藏布江支流拉萨河中游河谷平原,是世界上海拔较高的城市。拉萨南北最大纵距202千米,东西最大横距277千米。拉萨总面积29640平方千米,2022年常住人口约86.79万。

拉萨贡嘎国际机场(Lhasa Kongga International Airport,ICAO:ZULS,IATA:LXA),位于西藏自治区山南市贡嘎县甲竹林镇,坐落在壮丽的雅鲁藏布江南岸,海拔约3600米,为4E级军民合用国际机场。拉萨贡嘎国际机场(见图5-5)是世界上海拔较高的机场,也是西藏自治区第一大航空枢纽,被世界公认为飞行难度极高的"空中禁区"。2022年,西藏自治区7个机场中,拉萨贡嘎国际机场旅客吞吐量最大,有258.36万人次。

图5-5 拉萨贡嘎国际机场

三、主要航空企业

(一)四川航空股份有限公司

四川航空股份有限公司(Sichuan Airlines)(见图5-6)简称川航,其前身是四川航空公司。四川航空公司成立于1986年9月19日,1988年7月14日正式开航营运。川航以航空运输为主业,投资航空公司和航空上下游产业,覆盖航空配餐、飞机维修工程、航空旅游、航空地产、航空文化传媒、航空教育培训等多元产业。目前,川航已形成覆盖全国80多个大中城市的航线网络布局,航线从最初的7条发展到200多条,并开通有香港、台湾地区航线,以及首尔、马尔代夫、普吉、塞班、雅加达、胡志明等国际航线。

图5-6 四川航空标识

（二）云南祥鹏航空有限责任公司

云南祥鹏航空有限责任公司（Lucky Air）（见图5-7）简称祥鹏航空，于2004年6月成立，2006年2月正式开航运营，是海南航空集团下的控股公司，由海南航空集团有限公司、山西航空公司、云南石林航空旅游公司共同投资组建。祥鹏航空经营国内（含港澳台地区）航空客货运输业务及至周边国家的国际航空客货运输业务。目前，祥鹏航空机队规模达50架（其中包含4架宽体客机），运营国内外航线156条，通航城市72个。

图5-7 祥鹏航空标识

任务实施

作业以小组为单位，5—6人组成一个团队，可以自由组队。团队选取西南地区的任一城市为研究对象，按要求介绍选定的城市，要求如下。

（1）可以从航空和旅游两个方面进行介绍选定城市，介绍该城市的机场、主要航空公司、航空发展情况、主要景点以及人文风情等。

（2）每组各派一个组员结合PPT进行演示介绍，介绍时间为10—15分钟。

任务评价

根据任务实施评分表，对任务实施的结果进行评价。

考核内容		分值	学生评分	教师评分	实得分
能力	查阅研究能力	25			
	分析总结能力	25			
	小组合作能力	25			
	语言表达能力	25			
总分		100			

课后测试

1. 简述西南地区主要空港城市的地理位置。
2. 简述西南地区主要机场的IATA代码。

任务二　熟悉西北和新疆地区的主要空港城市、机场及航空

知识目标

1. 了解西北和新疆地区的主要空港城市。
2. 熟悉西北和新疆地区的主要机场。
3. 熟悉西北和新疆地区的主要航空企业。

技能目标

能够在地图上准确地指出西北和新疆地区主要航空港城市所在位置。

任务导入

《中华人民共和国中国国民经济和社会发展第十三个五年规划纲要》已将加快建设乌鲁木齐国际航空枢纽列入交通建设重点工程，中国民用航空局与新疆自治区政府已审议通过了《乌鲁木齐国际航空枢纽战略规划(初稿)》，致力于将乌鲁木齐打造成连接中国内地、东亚与欧洲，面向中亚、西亚地区的国际航空枢纽。这一建设项目对于推进新疆丝绸之路经济带核心区建设，促进中国与丝绸之路经济带沿线国家，特别是与中亚地区国家航空互联互通将发挥重要作用。

请思考：

乌鲁木齐国际机场在我国西北地区的航空运输中处于什么地位？它对推动与中亚各国直达航空运输市场开放有何作用？

教学内容

一、区域概况

西北地区包括陕西省、青海省、甘肃省和宁夏回族自治区，四周分别与华北、中南、西南、新疆等地区相邻。西北地区地广人稀，地形复杂多变，地面交通困难较多，发展航空运输势在必行。

新疆维吾尔自治区简称新，位于中国西北边陲，面积166.49万平方千米，是中国陆地面积最大的省级行政区，约占中国国土总面积的1/6。新疆陆地边境线长达5700多千米，周

边与俄罗斯、哈萨克斯坦、吉尔吉斯斯坦等8个国家接壤,是中国陆地边境线最长、毗邻国家最多的省级行政区。新疆区是民航七大区中唯一的单一省区的地区,其客、货市场的份额在七大区中最小。

二、主要空港城市及其机场分布

西北和新疆地区主要机场及其代码如表5-2所示。

表5-2 西北和新疆地区主要机场及其代码

城市	三字代码	机场名称
西安	XIY	西安咸阳国际机场
延安	ENY	延安南泥湾机场
榆林	UYN	榆林榆阳机场
汉中	HZG	汉中城固机场
安康	AKA	安康富强机场
西宁	XNN	西宁曹家堡国际机场
格尔木	GOQ	格尔木机场
玉树	YUS	玉树巴塘机场
德令哈	HXD	海西德令哈机场
兰州	LHW	兰州中川国际机场
敦煌	DNH	敦煌莫高国际机场
嘉峪关	JGN	嘉峪关酒泉机场
乌鲁木齐	URC	乌鲁木齐地窝堡国际机场
克拉玛依	KRY	克拉玛依古海机场
阿克苏	AKU	阿克苏温宿机场
阿勒泰	AAT	阿勒泰雪都机场
和田	HTN	和田昆冈机场
喀什	KHG	喀什徕宁国际机场
伊宁	YIN	伊宁机场
库车	KCA	库车龟兹机场
哈密	HMI	哈密伊州机场
吐鲁番	TLQ	吐鲁番交河机场

续表

城市	三字代码	机场名称
库尔勒	KRL	库尔勒梨城机场
银川	INC	银川河东国际机场

(一)西安市

西安古称长安,是陕西省省会。西安是中华文明的发祥地之一,也是丝绸之路的起点。西安是中国中西部地区重要的科技研究、高等教育、国防科技工业和高新技术产业基地,中国重要的航天工业中心、机械制造中心和纺织工业中心、中国重要的武器制造地、中国大飞机制造地。

西安咸阳国际机场(Xi'an Xianyang International Airport,ICAO:ZLXY,IATA:XIY),位于陕西省咸阳市渭城区底张街道,为4F级民用国际机场。西安咸阳国际机场(见图5-8)是中国八大区域枢纽机场之一、国际定期航班机场、世界前百位主要机场。多年来,西安咸阳国际机场一直在我国民航机场业保持着领先地位,运输业务量连续多年快速增长。2022年,西安咸阳国际机场完成旅客吞吐量1355万人次,增速位列全国第9名。

图5-8 西安咸阳国际机场

(二)兰州市

兰州是甘肃省省会,是西北地区重要的工业基地和综合交通枢纽、丝绸之路经济带的重要节点城市,也是我国唯一一个黄河穿越市区中心而过的省会城市。兰州是西陇海兰新经济带支点、新亚欧大陆桥中国段五大中心城市之一,也是中国东中部地区联系西部地区的桥梁和纽带。

兰州中川国际机场(Lanzhou Zhongchuan International Airport,ICAO:ZLLL,IATA:LHW),位于甘肃省兰州市中川镇,距市中心约75千米,为4E级国际机场。兰州中川国际机场(见图5-9)是西北地区主干机场之一,也是兰州市的空中门户、西北地区的重要航空港、国际备降机场。兰州中川国际机场始建于1968年,1970年7月通航,目前为西北地区主干机场之一。2019年12月25日,兰州中川国际机场年旅客吞吐量首次突破1500万人次。2022年,兰州中川国际机场旅客吞吐量达到594.24万人次。

图 5-9　兰州中川国际机场

（三）乌鲁木齐市

乌鲁木齐是新疆维吾尔自治区的首府，位于自治区中北部，是全疆政治、经济、文化、科教和交通中心。乌鲁木齐毗邻中亚各国，自古以来就是沟通东西商贸的重要枢纽，对中亚地区具有较强的辐射作用，是新欧亚大陆桥中国西段的桥头堡。

乌鲁木齐地窝堡国际机场（Urumqi Diwopu International Airport, ICAO：ZWWW，IATA：URC），位于新疆维吾尔自治区首府乌鲁木齐市郊西北地窝堡，距乌鲁木齐市区16.8千米。乌鲁木齐地窝堡国际机场（见图5-10）与昆明长水国际机场并列为中国两大国家门户枢纽机场，是中国国际航空枢纽机场、中国八大区域枢纽机场之一。2022年，乌鲁木齐地窝堡国际机场旅客吞吐量达1003.54万人次。

图 5-10　乌鲁木齐地窝堡国际机场

三、主要航空企业

（一）长安航空

长安航空有限责任公司（Air Changan）（见图5-11），简称长安航空，诞生于新丝绸之路经济带建设的关键时期，由陕西省政府和海航航空集团共同出资组建，于2016年4月5日获颁航空承运人运行合格证，同年5月9日首飞，是民航西北局下辖的121部客运航空公司。长安航空以西安咸阳国际机场为主运营基地，在册飞机22架，运营11架B737-800飞机,致力于架设"一带一路"沿线城市的空中桥梁,搭建中西方优秀文化交流和传播的空中通道。2021年12月8日,海航航空集团及旗下长安航空等公司正式加入辽宁方大集团。

图5-11 长安航空标识

(二)乌鲁木齐航空有限公司

乌鲁木齐航空有限责任公司(Urumqi Air)(见图5-12),简称乌鲁木齐航空,总部及运营基地位于乌鲁木齐地窝堡国际机场。乌鲁木齐航空是海航航空集团旗下的航空公司,2013年11月,经中国民用航空局批准筹建,注册资本30亿元人民币,由海南航空与乌鲁木齐市政府共同投资组建。2014年8月28日,乌鲁木齐航空获得民航新疆管理局颁发的运行合格证;8月29日,首飞伊宁标志着乌鲁木齐航空正式运营。乌鲁木齐航空是新疆目前唯一一家本土航空公司,以"安全、快捷、贴心"为服务理念。2021年12月8日,海航航空经营管理实际控制权正式移交至辽宁方大集团,海航航空集团旗下乌鲁木齐航空进入发展新航向。

图5-12 乌鲁木齐航空标识

任务实施

作业以小组为单位,5—6人组成一个团队,可以自由组队。团队选取西北地区或新疆地区的任一城市为研究对象,按要求介绍选定的城市,要求如下。

(1)可以从航空和旅游两个方面介绍选定城市,包括该城市的机场、主要航空公司、航空发展情况、主要景点以及人文风情等。

(2)每组派一个组员结合PPT进行演示介绍,介绍时间为10—15分钟。

根据任务实施评分表,对任务实施的结果进行评价。

考核内容		分值	学生评分	教师评分	实得分
能力	查阅运用能力	25			
	分析总结能力	25			
	小组合作能力	25			
	语言表达能力	25			
总分		100			

课后测试

1.简述西北地区主要航空港的地理位置及自然条件。

2.简述乌鲁木齐航空的发展概括及其主要特点。

任务三　熟悉港澳台地区的主要空港城市、机场及航空企业

 知识目标

1. 了解港澳台地区的主要空港城市。
2. 熟悉港澳台地区的主要机场。
3. 了解港澳台地区的主要航空企业。

技能目标

能够在地图上准确地指出港澳台地区主要航空港城市所在位置。

任务导入

2020年7月,《民航局关于支持粤港澳大湾区民航协同发展的实施意见》的印发,提出以打造更高质量、更加协调、更可持续、更具国际竞争力的世界级机场群为目标,以构建统筹有力、竞争有序、共建共享、深度融合的民航协同发展新格局为保障,着力推进改革创新,不断深化互利合作,努力将粤港澳大湾区建设成为民航深化改革开放的排头兵和新时代民航强国建设的先行区,为建设世界一流湾区提供有力支撑。

请思考:

在粤港澳大湾区世界级机场群的发展中,香港国际机场和澳门国际机场起到什么作用?

 教学内容

一、香港概况

香港全称中华人民共和国香港特别行政区,位于中国南部,地处珠江口以东,北接广东深圳,南望万山群岛,西迎澳门和广东珠海。香港是一座高度繁荣的自由港和国际大都市,与纽约、伦敦并称为"纽伦港",是全球第三大金融中心,也是重要的国际金融、贸易、航运中心和国际创新科技中心,在世界享有极高声誉。香港是国际和亚太地区重要的航运枢纽和极具竞争力的城市之一,连续多年经济自由度指数位居世界首位。

香港国际机场(Hong Kong International Airport,ICAO:VHHH,IATA:HKG),俗称赤

鱲角机场,位于中华人民共和国香港特别行政区新界大屿山赤鱲角,距香港市区34千米,为4F级民用国际机场,于1998年7月6日正式启用,是目前香港唯一运作的民航机场。香港国际机场(见图5-13)是世界繁忙的航空港之一,全球超过100家航空公司在此运营,客运量位居全球第5位,货运量连续18年全球第1位。

图5-13 香港国际机场

国泰航空有限公司(Cathay Pacific Airways Limited,ICAO:CPA,IATA:CX),简称国泰航空,是香港第一家提供民航服务的航空公司。国泰航空有限公司(见图5-14)成立于1946年9月24日,为太古集团成员,也是寰宇一家创始成员之一,以香港国际机场作为枢纽,旗下的子公司包括港龙航空和华民航空。国泰航空公司主要经营定期航空、航空饮食、航机处理及飞机工程等业务。

图5-14 国泰航空标识

二、澳门概况

澳门全称中华人民共和国澳门特别行政区,位于中国大陆东南沿海,北邻广东省珠海市,西与珠海市的湾仔和横琴对望,东与香港隔海相望,东面与香港相距63千米,南临南海。澳门是世界人口密度较高的地区,也是"世界四大赌城"之一。1999年12月20日澳门回归中国之后,经济迅速增长,比往日更繁荣,是一国两制的成功典范。澳门著名的轻工业、旅游业、酒店业和娱乐场长盛不衰,使澳门成为亚洲发达的、富裕的地区之一。

澳门国际机场(Macao International Airport,ICAO:VMMC,IATA:MFM),位于中华人民共和国澳门特别行政区氹仔岛,距离市区约10千米。澳门国际机场(见图5-15)于1995年11月建成启用,是继日本大阪关西机场之后,全球第二个、中国第一个完全由填海造陆而建成的机场。澳门国际机场是珠江三角洲与世界各地之间的重要桥梁,是中国大陆与台湾地区之间的空中客运交通中转站之一。

图 5-15 澳门国际机场

澳门航空股份有限公司(Air Macau,ICAO:AMU,IATA:NX),简称澳门航空,是一家以澳门为基地的航空公司。澳门航空(见图5-16)成立于1994年9月13日,1995年11月9日投入商务飞行,提供到中国台湾、中国大陆、欧洲、东南亚与东亚的航线。自从开航之日起,澳门航空一直为沟通海峡两岸提供一机到底的空中服务。

图 5-16 澳门航空标识

三、台湾概况

台湾位于中国东部,东临太平洋,西隔台湾海峡与福建省相望。台湾四面环海,且地理位置优势明显,具备发展航空运输的先天优越条件。台湾气候冬季温暖,夏季炎热,雨量充沛,夏秋多台风和暴雨。由于台湾大部分机场位于沿海平原地区,夏秋台风和暴雨经常袭击岛上机场,迫使航线中断,影响航空运输的正常进行。

台湾的航空业发展得较早,这得益于相对隔离的地理条件和经济的快速发展。由于台湾在亚太及东南亚地区占有重要地位,从20世纪60年代起,外籍航空公司先后来台开辟国际航线。2008年,台海两岸开通直航航班,两岸直航迅速发展。往返大陆的定期航班成为台湾地区航空公司新交通流量与营收的重要来源。台北市是岛内航空线网的中心枢纽。

台湾桃园国际机场(Taiwan Taoyuan International Airport, IATA:TPE, ICAO:RCTP),简称桃园机场,位于中国台湾桃园市大园区,距离台北市中心约40千米,为4F级民用国际机场。台湾桃园国际机场(见图5-17)是台湾地区最大、最繁忙的机场,如今世界各国与台北之间的航班大部分在台湾桃园国际机场起降。

图 5-17　台湾桃园国际机场

中华航空股份有限公司(China Airlines,IATA:CI,ICAO:CAL),简称中华航空、华航。中华航空股份有限公司(见图 5-18)成立于 1959 年 12 月 16 日,由台湾当局与中国国民党联合出资创办,主运营中心为台湾桃园国际机场。中华航空股份有限公司是台湾规模最大的航空公司,也是首家加入国际航空联盟的台湾航空公司,于 2011 年 9 月 28 日加入天合联盟。

图 5-18　中华航空标识

任务实施

作业以小组为单位,5—6 人组成一个团队,可以自由组队。团队选取香港国际机场、澳门国际机场、台湾桃园国际机场进行研究,对比其中两个机场各有哪些特色航线,并分析其机场运行能力。每组各派一个组员结合 PPT 进行演示介绍,介绍时间为 10—15 分钟。

任务评价

根据任务实施评分表对上述任务实施的结果进行评价。

考核内容		分值	学生评分	教师评分	实得分
能力	调查研究能力	25			
	分析对比能力	25			
	小组合作能力	25			
	语言表达能力	25			
	总分	100			

课后测试

简述港澳台地区分别有哪些重要航空公司,其二字代码、所在总部的中文名称是什么。

项目综合测试

项目六　国际航协及国际主要航线

 总述

本项目中,我们将学习国际航协与国际主要航线的相关知识,包括国际航协的成立、宗旨、组织机构、成员等,并对目前国际的主要航线,即西半球航线、东半球航线、南大西洋航线、北太平洋航线等航线的线路分布及航线运营情况进行详细了解。

 任务一　了解国际航空运输协会

知识目标

1. 了解国际航协的成立背景。
2. 了解国际航协的宗旨。
3. 理解国际航协的组织机构。
4. 了解国际航协成员的概念及加入规则。
5. 了解国际航协的主要活动。

技能目标

能够快速掌握国际航协的基本知识。

任务导入

2023年7月,国际航空运输协会(以下简称"国际航协")理事长威利·沃尔什开启了上任后的首次访华。对于此次中国之行,沃尔什表示和他想象中的一样,收获颇多,不仅与中国民用航空局就国际航空运输恢复、民航安全与运行合作、民航可持续发展等议题深入交换了意见,还与多家成员航空公司和战略合作伙伴进行了交流。访华期间,沃尔什接受了《经济日报》等媒体的采访,就全球航空业的复苏进程以及中国航空市场表现等话题发表了看法。

沃尔什首先提到中国航空市场的表现。他表示,2022年以来,中国国内航班恢复十分强劲,国际航班也呈现不断复苏的态势。另外,中国航空公司在国际上不仅有良好的声誉,还有遍布全球的航空网络,相信中国航空市场的前景将不断向好。"对于国际航协来说,中国是极为重要的市场，拥有巨大的增长前景。得益于中国边境的重新开放，国际航协在6月份调整了航空业2023年的前景展望，将全球航空业的净利润上调至98亿美元。"沃尔什说。

沃尔什强调，国际航协十分重视中国市场，今后也将继续践行支持中国民航业高质量发展的承诺。长期以来，国际航协与中国民用航空局等相关部门紧密联系，并积极与各成员航空公司及民航业其他重要伙伴开展合作，通过分享全球通行的行业标准、高效的服务流程建议和前沿的解决方案，帮助中国航空公司实现降本、提质、增效的目标。"在全球航空业全面复苏的过程中，国际航协将一如既往地支持中国航空旅行重返高速增长的航道。"沃尔什表示，期待中国航空公司在国际航协全球项目的推进和实施中发挥越来越重要的作用和影响力。

沃尔什指出，在这个气候变化日益成为核心议题的时代，可持续发展是全球航空业需要重点关注的问题。在此前举办的第79届国际航空运输协会年度大会上，国际航协公布了关于航空业2050年实现净零碳排放的一系列路线图，涉及飞机技术、能源基础设施、运营、财务和面向净零碳排放的政策考虑等多个方面，强调了实现这一目标所需的技术、政策、金融、运营和基础设施步骤。沃尔什表示，全行业要实现低碳转型，关键因素之一就是要大力发展可持续航空燃料。因此，2023年的优先事项之一就包括可持续航空燃料生产激励措施，加快实现净零碳排放。对此，国际航协呼吁航空业的利益相关方采取行动，提供必要的工具、政策和适合净零碳排放的产品，确保航空业的这场根本性变革取得成功。

请思考：

成为国际航空运输协会的会员需要具备哪些条件？加入国际航空运输协会有哪些作用？

教学内容

一、国际航协的成立

国际航空运输协会（International Air Transport Association，IATA），简称国际航协，是世界各国航空公司自愿联合组织的非政府性、非营利性的国际组织。

国际航空运输协会的前身是1919年在荷兰海牙成立并在第二次世界大战时解体的国际航空业务协会。1944年12月，一些政府代表和顾问及空运企业的代表出席芝加哥国际民航会议的聚会，商定成立一个委员会，并为新的组织起草章程。1945年4月16日，在哈瓦那会议上修改并通过了草案章程。同年10月，新组织正式成立，定名为国际航空运输协会，其会徽如图6-1所示。

图6-1 国际航空运输协会会徽

二、国际航协的宗旨

国际航空运输协会的宗旨主要包括：以世界人民的利益为前提，促进安全、正常和经济的航空运输，提高航空服务质量；扶植航空交通，共同研究行业中的问题；为直接或间接从事国际航空运输工作的各空运企业提供合作的途径；与国际民航组织及其他国际组织协力合作。

三、国际航协的组织机构

国际航空运输协会的组织机构由全体会议、执行委员会、专门委员会和分支机构组成。

（一）全体会议

全体会议是国际航空运输协会的最高权力机构，每年举行一次会议，经执行委员会召集，同时，也可以随时召开特别会议。国际航协所有正式会员在决议中都拥有平等的一票表决权，若正式会员不能参加会议，可以授权另一位正式会员代表其出席会议并表决。

（二）执行委员会

执行委员会是全会的代表机构，对外全权代表国际航空运输协会。执行委员会成员必须是正式会员的代表，任期分别为1年、2年和3年。执行委员会的职责包括管理协会的财产、设置分支机构、制定协会政策等。

一般情况下，执行委员会应在年会即全体会议之前召开，其会议时间由执行委员会决定。执行委员会的理事长是协会的最高行政和执行官员，在执行委员会的监督和授权下行使职责并对执行委员会负责。执行委员会下设秘书长、专门委员会和内部办事机构来维持协会的日常工作。

（三）专门委员会

国际航空运输协会专门委员会分为运输、财务、法律和技术委员会。各委员会由专家、区域代表及其他人员组成并报执行委员会和大会批准。目前，运输委员会有30名成员，财务委员会有25名成员，技术委员会有30名成员，法律委员会有30名成员。

（四）分支机构

国际航空运输协会的总部设在加拿大蒙特利尔，在日内瓦、伦敦和新加坡等还设有分支机构。同时，还在安曼、雅典、曼谷、达卡、香港、雅加达、吉达、吉隆坡、迈阿密、内罗毕、纽约、波多黎各、里约热内卢、圣地亚哥、华沙和华盛顿等设有地区办事处。

四、国际航协的成员

国际航空运输协会的会员分为正式会员和准会员两类。一般情况下,国际民航组织成员国的任一经营定期航班空运的企业,经其政府许可都可成为国际航协的会员。

国际航空运输协会会籍向获得符合国际民航组织成员国身份的政府所颁发执照的任何提供定期航班的经营性公司开放。国际航空运输协会正式会员向直接从事国际经营的航空公司开放,而国际航空运输协会准会员身份只向国内航空公司开放。

经营国际航班的航空运输企业为正式会员。经营国内航班的航空运输企业为准会员。

五、国际航协的活动

国际航空运输协会的活动主要分为同业活动、协调活动、行业服务活动3种。

(一)同业活动

同业活动是指会员进行会外活动,向具有权威的国际组织和国家当局申述意见,以维护会员的利益。

(二)协调活动

协调活动是指监督世界性的销售代表系统,从而建立经营标准和程序,协调国际航空运价。

(三)行业服务活动

行业服务活动主要包括承办出版物、财务金融、市场调研、会议、培训等服务项目。

国际航协通过上述活动,统一国际航空运输的规则和承运条件,办理业务代理及空运企业之间的财务结算,协调运价和班期时刻,促进技术合作,参与机场活动,进行人员培训等。

任务实施

国际航空运输协会是世界各国航空公司自愿联合组织的非政府性、非营利性的国际组织。

(1)请各组分工根据所学内容,收集我国已加入国际航空运输协会的航空公司信息,并派代表进行汇报。

(2)请想一想,加入国际航空运输协会对各航空公司的发展有哪些好处。

(3)请想一想,航空公司成为国际航空运输协会会员后需要承担哪些义务。

 **任务评价**

根据任务实施评分表,对任务实施的结果进行评价。

考核内容		分值	学生评分	教师评分	实得分
能力	查阅研究能力	25			
	分析总结能力	25			
	小组合作能力	25			
	语言表达能力	25			
总分		100			

 课后测试

1. 国际航协的组织机构有哪些?
2. 简述国际航协的主要活动。

任务二　熟悉国际主要航线

 知识目标

熟悉国际主要航线。

技能目标

1. 能够认识世界的主要城市及三字代码。
2. 能够根据所学知识,分辨国际主要航线。

任务导入

张女士是一位旅游爱好者,梦想着走遍世界。正值秋高气爽,张女士便计划从北京出发,先去东南亚看碧海蓝天;接着再飞到非洲的最南端,欣赏海天一色;最后去感受一下欧洲风情。

请思考:

根据张女士的游玩计划,你会如何选择飞行航线?

教学内容

飞机飞行的路线称为空中交通线,简称航线,如图6-2所示。飞机的航线不仅确定了飞机飞行的具体方向、起止点和经停点,而且还根据空中交通管制的需要,规定了航线的宽度和飞行高度,以维护空中交通秩序,保证飞行安全。一般情况下,航线安排以大城市为中心,在大城市之间建立干线航线,同时还建立支线航线,由大城市辐射至周围小城市。

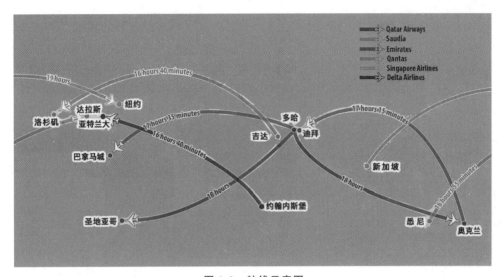

图6-2 航线示意图

一、西半球航线

西半球航线(WH)是指航程中所有点都在西半球的航线。西半球航线是连接南、北美洲的航线,因此,又称为"拉丁航线",如图6-3所示。

西半球航线在北美地区,主要有美国南部的迈阿密、达拉斯及西岸和东岸的门户点,以及墨西哥的墨西哥城和中美的圣何塞、太子港等;在南美的点,主要分布在哥伦比亚的波哥大,以及巴西的巴西利亚、里约热内卢、圣保罗和智利的圣地亚哥、阿根廷的布宜诺斯艾利斯等城市。西半球航线不长,除自成体系外,西半球航线还常常与太平洋航线和大西洋航线相连,成为这些航线的续程航段。

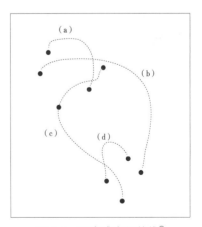

图6-3 西半球主要航线[①]

[①](a):YVR(温哥华)—MIA(迈阿密);(b):LAX(洛杉矶)—RIO(里约热内卢);(c):NYC(纽约)—MEX(墨西哥城)—BUE(布宜诺斯艾利斯);(d):BSB(巴西利亚)—SCL(圣地亚哥)。

二、东半球航线

东半球航线(EH)是指航程中所有的点都在东半球的航线,它是世界上航线最多的区域,如图6-4所示。

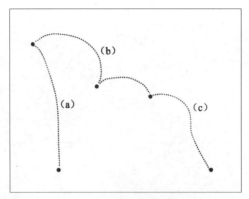

图6-4　东半球主要航线[①]

三、北大西洋航线

北大西洋航线(AT)是连接欧洲与北美洲之间最重要的国际航线,如图6-5所示。欧洲和北美洲是世界上航空最发达的地区。欧洲的中枢机场,如伦敦、巴黎、法兰克福、马德里、里斯本等和北美洲的主要城市相连,这使得北大西洋航线成为世界上最繁忙的国际航线。

由于北大西洋航线历史悠久,航空公司较多,竞争激烈,因此,这条航线虽然经济意义和政治意义都十分重大,但却不是国际上经济效益最好的航线。LON(伦敦)—NYC(纽约)航线,航线里程为59563千米,直飞航班大致需要8小时。

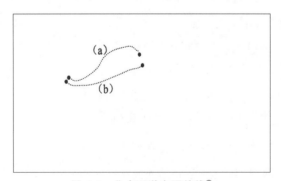

图6-5　北大西洋主要航线[②]

[①](a):LON(伦敦)—CPT(开普敦);(b):BKK(曼谷)—DXB(迪拜)—LON(伦敦);(c):SYD(悉尼)—BKK(曼谷)。

[②](a):LON(伦敦)—NYC(纽约);(b):PAR(巴黎)—WAS(华盛顿)。

四、南大西洋航线

南大西洋航线(SA)是指经过南部大西洋的航线,具体是指航线在南大西洋地区和东南亚之间,经过大西洋、中非、南非、印度洋岛屿或直飞的航线,如图6-6所示。它是随着南美旅游经济的兴盛,在传统航线已不能满足市场需要的情况下,开辟出的新航线。

需要注意的是,南大西洋航线是经印度洋和大西洋南部的航线,并不经过欧亚大陆。

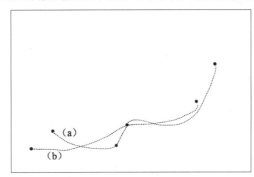

图6-6 南大西洋主要航线①

五、北太平洋航线

北太平洋航线(PA)是连接北美洲和亚洲之间的重要航线,是世界上最长的航空线,如图6-7所示。北太平洋航线的一端通常为亚洲的东京、首尔、香港、北京、广州和上海等城市,另一端通常为北美的温哥华、洛杉矶、旧金山、芝加哥和西雅图等城市。例如,国内旅客选择南航、国航、东航的航班去北美地区,一般是从广州、北京或上海出发直飞洛杉矶、纽约、旧金山和温哥华。

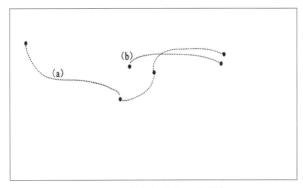

图6-7 北太平洋主要航线②

---

① (a):SEL(首尔)—HRE(哈拉雷)—SCL(圣地亚哥);(b):SIN(新加坡)—CPT(开普敦)—RIO(里约热内卢)。
② (a):LON(伦敦)—BKK(曼谷)—TYO(东京)—SEA(西雅图);(b):BJS(北京)—SFO(旧金山)。

六、南太平洋航线

南太平洋航线(PN)是连接南美和西南太平洋地区并经过北美的航线,但航线不经过北部和中部太平洋,如图6-8所示。南太平洋航线的一端通常为悉尼、墨尔本、奥克兰和堪培拉等城市,另一端通常为布宜诺斯艾利斯、里约热内卢和圣地亚哥等城市。

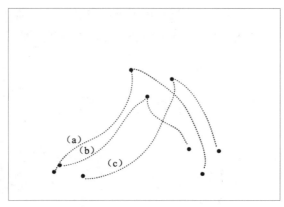

图6-8 南太平洋主要航线①

七、俄罗斯航线

俄罗斯航线(RU)是指俄罗斯欧洲部分和IATA三区(详见项目七)之间的航线,如图6-9所示。在俄罗斯和日本、韩国之间,有一段不经停航线。

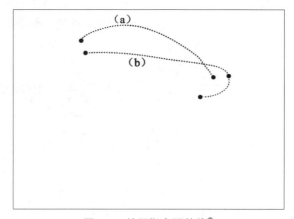

图6-9 俄罗斯主要航线②

---

① (a):MEL(墨尔本)—LAX(洛杉矶)—BUE(布宜诺斯艾利斯);(b):SCL(圣地亚哥)—MEX(墨西哥城)—SYD(悉尼);(c):AKL(奥克兰)—MIA(迈阿密)—RIO(里约热内卢)。

② (a):LED(圣彼得堡)—SEL(首尔);(b):HKG(香港)—TYO(东京)—MOW(莫斯科)。

八、西伯利亚航线

西伯利亚航线(TS)是指IATA二区(详见项目七)和IATA三区(详见项目七)之间的航线,如图6-10所示。在欧洲和日本、韩国之间,有一段不经停的航线。

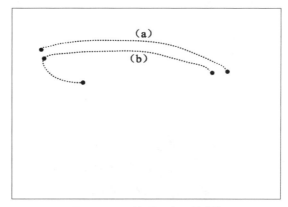

图6-10 西伯利亚主要航线①

九、欧亚航线

欧亚航线是横穿欧亚大陆、连接欧亚大陆东、西两岸的重要航线,又称"西欧—中东—远东航线",如图6-11所示。欧亚航线对东亚、南亚、中东和欧洲各国之间的政治、经济联系起到重要作用。

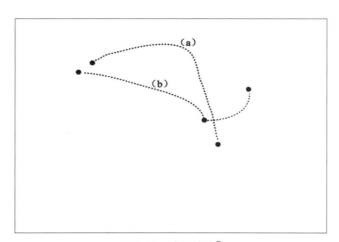

图6-11 欧亚航线②

---

① (a):TYO(东京)—LON(伦敦);(b):CAI(开罗)—PRA(巴黎)—SEL(首尔)。
② (a):MOW(莫斯科)—SIN(新加坡);(b):SEL(首尔)—BKK(曼谷)—IEV(基辅)。

十、极地航线

北极航线或南极航线也称"极地航线",是穿越北极或南极上空的重要航线,用于连接北美和欧洲、亚洲的城市。

欧洲与北美之间的跨极地飞行早在20世纪20年代就已拉开序幕,商业飞行历史已超过40年。北极航线飞行条件比较复杂,需要考虑多方面的因素,如航线备降机场的选定、备降救援计划、防止燃油结冰的措施、燃油温度监控、太阳耀斑的影响、机务人员的培训等因素。

2001年2月1日,北极航线正式开通,标志着从北美东海岸到亚洲之间空运市场的发展迈出了重要的一步。

新极地航线穿越北极地区,将北美洲与亚洲城市连接起来。例如,纽约—香港,传统航线的飞行距离约14000千米,超出了现役喷气式飞机的正常航程范围。而新航线航程缩短了563千米(可能会受风速的影响而变化),B747-400、B777-200ER(延程型)等现役飞机都可以直飞目的地。

极地航线为执飞国际航线的航空公司提供了更多直飞航线的选择。与传统航线相比,极地航线不仅在缩短航程时间和减少油耗方面更具有优势,而且为开通新的直飞航班提供了可能。

极地航线主要有:

TYO(东京)—ANC(安克雷奇)—LON(伦敦)

TYO(东京)—ANC(安克雷奇)—STO(斯德哥尔摩)

BJS(北京)—NYC(纽约)

任务实施

分组讨论,说说下列(a)(b)(c)(d)(e)各属于什么航线。

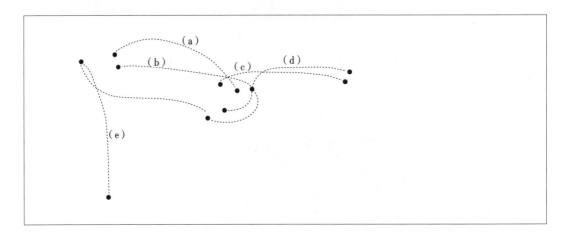

任务评价

根据任务实施评分表,对任务实施的结果进行评价。

考核内容		分值	学生评分	教师评分	实得分
能力	查阅运用能力	25			
	分析总结能力	25			
	小组合作能力	25			
	语言表达能力	25			
总分		100			

课后测试

1. 什么是北太平洋航线?
2. 北大西洋航线有什么特点?

项目综合测试

项目七 世界航空运输区划

总述

由于保证国际航空运输的运营安全,以及国际民航组织(ICAO)规定各国航空运输企业在技术规范、航行程序、操作规则上的一致性原则,国际航空运输协会(IATA)将全球划分为 Area TC1、Area TC2、Area TC3 三个航空运输业务区,称为国际航协交通会议区(IATA Traffic Conference Areas),以方便各国及地区航空运输企业之间的运输业务划分与合作。其中,三个航空运输业务区又可以进行次一级的分区,称为次区(Sub-area)。

任务一 熟悉IATA一区的概况

知识目标

1. 了解IATA一区的范围界定。
2. 熟悉IATA一区中的次区范围。
3. 掌握IATA一区主要国家的概况。

技能目标

能够在地图上准确地识别IATA一区的范围。

任务导入

课堂活动:上台分享IATA一区的范围中包含的熟悉的国家及对其航空发展的了解。

教学内容

一、IATA一区的范围

IATA一区(Area 1或TC1)指南、北美洲大陆及其附近的岛屿,包括格陵兰、百慕大、西印度群岛、加勒比海群岛及夏威夷群岛(包括中途岛和棕榈岛)。

IATA一区,尤其是北美洲,是世界交通最发达的大陆,也是世界航空运输中航线最密集的大陆。美洲大陆东临大西洋,西濒太平洋,大洋天堑阻隔了美洲和其他大洲之间的陆路交通,只有通过海洋运输和航空运输来实现与其他各洲之间的交通联系。而航空运输由于快速、安全、舒适、便捷等因素,成为主要洲际运输工具。

世界的主要航线,如北大西洋航线、南大西洋航线、北太平洋航线、南太平洋航线、北极或南极航线等都和美洲的大城市相连。而连接南、北美洲的西半球航线本身就是本地区的航线。

二、IATA一区中的次区

(一) 按南、北美洲细分

IATA又把一区细分为以下4个次区。

❶ 北美洲次区

北美洲次区(North America Sub-area)包括阿拉斯加、加拿大、美国大陆、夏威夷、墨西哥、圣皮埃尔和密克隆等。

❷ 中美洲次区

中美洲次区(Central America Sub-area)包括伯利兹、哥斯达黎加、萨尔瓦多、危地马拉、洪都拉斯、尼加拉瓜等。

❸ 南美洲次区

南美洲次区(South America Sub-area)包括阿根廷、玻利维亚、巴西、智利、哥伦比亚、厄瓜多尔、法属圭亚那、圭亚那、巴拿马、巴拉圭、秘鲁、苏里南、乌拉圭、委内瑞拉等。

❹ 加勒比次区

加勒比次区(Caribbean Area)包括巴哈马、百慕大、加勒比群岛、圭亚那、法属圭亚那、苏里南等。

注意:南美洲次区和加勒比次区有一部分是重合的。

(二) 按大西洋航线细分

当使用一区和二区、三区之间经大西洋航线的运价时,IATA一区还可以划分为以下3个次区。

❶ 北大西洋次区

北大西洋次区(North Atlantic Sub-area)包括加拿大、格陵兰、墨西哥、圣皮埃尔和密克隆、美国(包含阿拉斯加、夏威夷、波多黎各、美属维尔京群岛)。

2 中大西洋次区

中大西洋次区(Mid Atlantic Sub-area)包括安圭拉、安提瓜和巴布达、阿鲁巴、巴哈马、巴巴多斯、伯利兹、百慕大、玻利维亚、开曼群岛、哥伦比亚、哥斯达黎加、古巴、多米尼克、多米尼加共和国、厄瓜多尔、萨尔瓦多、法属圭亚那、格林纳达、瓜德罗普、危地马拉、圭亚那、海地、洪都拉斯、牙买加、马提尼克、蒙特塞拉特、荷属安的列斯、尼加拉瓜、巴拿马、秘鲁、圣基茨和尼维斯、圣卢西亚、圣文森特和格林纳丁斯、苏里南、特立尼达和多巴哥、特克斯和凯科斯群岛、委内瑞拉、英属维尔京群岛。

3 南大西洋次区

南大西洋次区(South Atlantic Sub-area)包括阿根廷、巴西、智利、巴拉圭、乌拉圭。

三、IATA一区的主要国家概况

(一) 美国

1 国家概况

美国全称美利坚合众国,全国共分50个州和1个特区(哥伦比亚特区),有3143个县。联邦领地包括波多黎各和北马里亚纳；海外领地包括关岛、美属萨摩亚、美属维尔京群岛等。美国是一个移民国家,通用语言为英语,首都华盛顿是美国的政治文化中心。

1) 自然地理

美国是美洲第二大的国家,领土包括美国本土、北美洲西北部的阿拉斯加和太平洋中部的夏威夷群岛,横跨西5区至西10区,共6个时区。北与加拿大接壤,南靠墨西哥湾,西临太平洋,东濒大西洋,面积约为937万平方千米,海岸线长22680千米。

美国国土地形变化多端,地势西高东低,本土三面临水,气候适中,资源丰富。在气候方面,美国几乎有着世界上所有的气候类型,大部分地区属于大陆性气候,南部属亚热带气候。美国自然资源丰富,矿产资源总探明储量居世界首位,煤、石油、天然气、铁矿石、钾盐、磷酸盐、硫磺等矿物储量均居世界前列。

2) 经济地理

美国是高度发达的现代市场经济国家,尽管近年来经济有所衰退,但经济发展水平仍居世界领先地位,国民经济总值占世界首位。美国国内生产总值和对外贸易额均居世界首位,有较为完善的宏观经济调控体制。

美国工农业生产部门齐全,集约化程度高,汽车工业和建筑业在产业中占有重要地位,为美国经济的两大支柱。近年来,在信息、生物等领域科技进步推动下,美国产业转型加快,劳动密集型产业进一步被淘汰或转移到国外,与此同时,信息等高科技产业发展迅速,产品更新换代日益加快,利用高科技改造传统产业也取得进步。美国主要工业产品有汽车、航空设备、计算机、电子和通信设备、钢铁、石油产品、机械等。美国农业高度发达,机械化程度高,主要农产品有小麦、玉米、大豆等,均处世界领先地位。其中,粮食总产量占世界的1/5。

美国还是世界上最大的商品和服务贸易国。2022年,美国前五大货物贸易伙伴为加拿大、墨西哥、中国、日本、德国。美国前五大货物出口市场为加拿大、墨西哥、中国、日本、英国。美国前五大货物进口来源地为中国、墨西哥、加拿大、日本、德国。

3) 航空运输

在航空运输方面,美国的航空运输技术处于世界领先地位,航空运输总周转量连续多年排在世界首位。根据美国联邦航空管理局(Federal Aviation Administration,FAA)公开的统计数据,截至2023年,美国有19633个机场,其处理的航班每日达45000个。根据国际机场理事会(Airports Council International,ACI)2022年发布的统计数据,全球最繁忙(按旅客量)的十大机场中,美国占五席,其中前四均为美国的机场。就飞机起降量而言,排名第一的是亚特兰大哈兹菲尔德-杰克逊国际机场(Hartsfield-Jackson Atlanta International Airport)。

2 主要航空企业

美国幅员辽阔,地广人稀,乘坐飞机出行成为民众不可或缺的选择,美国的航空公司多达数十家,除了几大航空巨头外,还有不少廉价航空,更有专营旅游目的地的航空,以满足各种不同的客户需求。美国航空公司在近年来经过了若干次并购重组后,现在称得上美国大型航空公司的,有美国航空、联合航空、达美航空以及西南航空,这几家航空公司控制了美国航空运输80%以上的市场。

1) 美国航空公司

美国航空(American Airlines,AA)作为寰宇一家的创始成员之一,是世界最大的航空公司(见图7-1)。联合旗下附属美鹰航空和美国连接,美国航空遍布260余个通航城市——包括美国本土150个城市及40个国家的城市。美国航空的总部位于得克萨斯州的沃斯堡,紧邻达拉斯-沃斯堡国际机场,执行的航班遍及整个美国,还有飞往加拿大、拉丁美洲、西欧和日本的航班。

图7-1 美国航空标识

美国航空的机队由近900架飞机组成,每日从芝加哥、达拉斯、沃斯堡、洛杉矶、迈阿密和纽约六大枢纽起飞的航班数量超过3500个班次。主要基地有奥黑尔国际机场、达拉斯-沃斯堡国际机场、洛杉矶国际机场、迈阿密国际机场、纽约肯尼迪国际机场。

2018年7月19日,《财富》世界500强排行榜发布,美国航空集团位列260位。2018年12月18日,世界品牌实验室发布《世界品牌500强》,美国航空排名第312位。

2) 美国联合航空公司

美国联合航空公司(United Airlines,UA)简称美联航,又称联合航空,是美国一家大型航空公司(见图7-2)。美国联合航空公司总部位于美国伊利诺伊州芝加哥市郊,邻近其主要枢纽机场芝加哥奥黑尔国际机场。美联航主要经营美国中西部

图7-2 美联航标识

及西岸国内航线网络,跨越大西洋及太平洋等洲际航线。开拓国际航线为联合航空带来更多高消费乘客,避开美国本地市场来自廉价航空公司的竞争。

美联航是星空联盟的创始成员之一,通过该联盟为其客户提供去往世界各地162个国家和地区的975个目的地城市的航班服务。美联航通过星空联盟以及地区性合作伙伴的代码共享航班,将搭乘美联航的便利拓展到美联航航线以外的城市。

3) 达美航空公司

达美航空公司(Delta Air Lines,DL)简称达美航空,常被译为三角洲航空、德尔塔航空,是一家总部位于美国佐治亚州亚特兰大市的航空公司(见图7-3)。达美航空是天合联盟的创始成员航空公司之一,成立于1928年。2008年,达美航空与西北航空合并,组建成为达美航空。

图7-3　达美航空标识

达美航空公司是美国第三大航空公司,拥有近700架飞机,全球员工人数超过75000人。作为天合联盟的创始会员,达美航空每天可以为乘客提供13000多次航班,在全球多个机场均设有达美的航空枢纽。达美航空凭借业界领先的全球网络,服务范围覆盖了世界六大洲64个国家的351个目的地。乘客可以在官方网站上办理登机手续、打印登机牌、托运行李和查询航班情况等。

达美航空公司的枢纽机场包括:亚特兰大哈兹菲尔德-杰克逊国际机场、盐湖城国际机场、辛辛那提/北肯塔基国际机场、肯尼迪国际机场、肯尼迪国际机场、拉瓜迪亚机场、布拉德利国际机场等。

4) 美国西南航空公司

美国西南航空公司简称西南航空(Southwest Airlines,WN),是美国一家总部设在得克萨斯州达拉斯的航空公司(见图7-4)。西南航空以"廉价航空公司"而闻名,是民航业"廉价航空公司"经营模式的鼻祖。西南航空在美国国内通航城市最多。

图7-4　西南航空标识

美国西南航空公司是以低成本战略赢得市场的。西南航空的战略是另辟蹊径,去占领潜力巨大的低价市场,明智地避免与美国各大航空公司的正面交锋。西南航空只开设中短途的点对点的航线,没有长途航班,更没有国际航班。因此,其航班特点是时间短,班次密集。一般情况下,如果旅客错过了美国西南航空公司的一班飞机,完全可以在一个小时后乘坐该公司的下一班飞机。高频率的飞行班次不仅方便了那些每天都要穿行于美国各大城市的旅客,更重要的是,在此基础上的单位成本的降低才是美国西南航空公司所要追求的市场定位。通过和航空公司之间的代码共享,美国西南航空公司可以提供更好的联程服务。

3 主要城市及机场

1)纽约

纽约(New York)是美国第一大都市和第一大商港,它不仅是美国的金融中心,也是全世界金融中心之一。纽约位于纽约州东南哈得孙河口,濒临大西洋。纽约市的空中交通非常发达,是美国唯一拥有4个大飞机场的城市。国际航线降落的机场除了肯尼迪国际机场外,还有纽瓦克自由国际机场和拉瓜迪亚机场。

(1)肯尼迪国际机场。

肯尼迪国际机场(见图7-5)位于纽约市皇后区的东南部,距离市区27千米,占地20平方千米,拥有4条跑道,9个航站楼,是纽约市和新泽西地区最大的飞机场,也是美国东海岸最重要的国际机场。飞纽约的国际航班大多降在落肯尼迪国际机场,它也是美国最大的国际机场。肯尼迪国际机场是美国达美航空公司的中枢之一。美利坚航空公司在该机场也有较强的实力,正朝中枢方向发展。

图7-5 肯尼迪国际机场

(2)纽瓦克自由国际机场。

纽瓦克自由国际机场简称纽瓦克机场,位于新泽西州,距离曼哈顿西南方26千米,是纽约的第二大国际机场。纽瓦克机场占地面积8平方千米,拥有3条跑道,3个航站楼。20世纪80年代以来,大陆航空公司逐步使其成为美国东部重要的中枢之一,并带动了国际航线的发展。如今,纽瓦克机场不仅在国内运量上远超肯尼迪国际机场,在国际运量上也呈步步紧逼之势。

(3)拉瓜迪亚机场。

拉瓜迪亚机场位于曼哈顿以东13千米,长岛北部的皇后区,占地面积2.7平方千米,拥有2条跑道,4个航站楼,规模较小,主要起降国内航线的飞机,以国内商务旅行的乘客为主。拉瓜迪亚机场面积小,流量大,使机场异常拥挤、堵塞,航班延误率高居全美之首。

(4)艾斯利普机场。

艾斯利普机场位于纽约市区东北方向,距离曼哈顿80千米,由艾斯利普所有和经营,有多家低成本航空公司提供服务,包括美国西南航空公司等。

2) 洛杉矶

坐落在美国西海岸加利福尼亚州南部的洛杉矶是仅次于纽约的美国第二大城市,以其壮丽的自然景观、大都市的气派,集繁华与宁静于一身,是美国西海岸边一座风景秀丽、璀璨夺目的海滨城市。一望无垠的沙滩、明媚的阳光、闻名遐迩的"电影王国"好莱坞、引人入胜的迪士尼乐园、峰秀地灵的比弗利山庄等,使洛杉矶成为一座举世闻名的"电影城"和"旅游城"。

洛杉矶国际机场(见图7-6):是美国一座非常繁忙的机场,距离市区20千米。洛杉矶国际机场拥有4条跑道,1个主体航站楼,自20世纪60年代初至今开始兴建了共8个航站大厦,第1个到第7个航站大厦几乎都是美国的航空公司驻地。2005年,洛杉矶国际机场是全球第四大繁忙的国际客运机场及第二大货运机场(非国际货运)。洛杉矶国际机场从2006年6月20日起关闭一条跑道,进行跑道扩建工程,届时体积庞大,有555个座位的最新型新空中巴士A380,可以在洛杉矶起降。

图7-6 洛杉矶国际机场

此外,洛杉矶还有橙县机场、安大略国际机场、伯班克机场、长滩国际机场等。

3) 芝加哥

芝加哥是美国第三大城市,位于美国中部、世界第一大湖密歇根湖畔与芝加哥河交汇处。芝加哥是美国东西交通、水、陆、空运输的中心。世界上繁忙的国际机场之一的奥黑尔国际机场就坐落在芝加哥的城郊。

(1) 奥黑尔国际机场。

奥黑尔国际机场是世界上最大的飞机场,也是世界上唯一的双中枢机场,距离市区27千米,共有6个跑道,并且有高速公路穿梭其中。奥黑尔国际机场是世界上非常繁忙的一个机场,世界上最大的两家航空公司——美国联合航空公司和美国航空公司,都在这里建立了自己的中枢。

(2) 米德韦机场。

米德韦机场距离芝加哥市中心16千米,目前有17家航空公司提供服务,除了全美最大的6家网络型航空公司,还包括美国西南航空公司、环美航空公司等低成本、低票价的航空公司,这些低成本航空公司在米德韦机场占有相当的市场份额。

4) 华盛顿

美国首都华盛顿,全称华盛顿哥伦比亚特区,位于马里兰州和弗吉尼亚州之间的波托马克河与阿纳卡斯蒂亚河汇合处的东北岸。华盛顿特区是美国的政治中心,白宫、国会、最高法院以及绝大多数政府机构均设在这里。华盛顿特区有以下三个机场。

(1) 华盛顿里根国家机场。

华盛顿里根国家机场位于弗吉尼亚州阿灵顿,离华盛顿特区最近,约11千米,以美国航空和达美航空航班为主。

(2) 华盛顿杜勒斯国际机场。

华盛顿杜勒斯国际机场位于弗吉尼亚州,离特区约0.5小时车程,是联合航空的转运中心。

(3) 巴尔的摩/华盛顿瑟古德·马歇尔国际机场。

巴尔的摩/华盛顿瑟古德·马歇尔国际机场位于马里兰州巴尔的摩近郊,离华盛顿特区1小时车程。

5) 亚特兰大

亚特兰大是美国东南部最大城市,佐治亚州首府。其位于该州北部蓝岭东南的山麓台地上,始建于1837年,因地处美国东南部通往西部的铁路起讫点而兴起。现为美国东南部商业、运输业和工业中心。

亚特兰大机场:全称亚特兰大哈兹菲尔德-杰克逊国际机场,位于美国佐治亚州亚特兰大市中心南方约19千米,机场共有6个航站,拥有将近100个停机位,这里是全球飞机数量最多的航空公司——美国达美航空公司的总部。此外,空中运输航空也以此机场为主要枢纽。据美国联邦航空总署统计指出,亚特兰大机场在2007年已有99.44万架次的航班,比2006年增长1.8%。这是亚特兰大机场连续第3年居全美各机场的鳌头。亚特兰大机场2006年时的旅客数为4135万人次,高居世界旅客最多的机场已达数年。因此,亚特兰大机场宣称为世界上最忙碌的国际机场。

6) 旧金山

旧金山又译圣弗朗西斯科或三藩市,是美国西部重要的海港城市,金融、贸易和文化中心。旧金山地处加利福尼亚州西北部,太平洋和圣弗朗西斯科湾之间半岛的北端,三面临海。

(1) 旧金山国际机场。

旧金山国际机场位于旧金山东南方25千米处,是美联航在美国西部的最重要的中枢,拥有3个国内航站楼和1个国际航站楼。

(2) 奥克兰国际机场。

奥克兰国际机场位于旧金山的北部,距市区29千米,是旧金山地区航空货运的中心。奥克兰机场在2007年秋季开通了亚洲航班。

(3) 圣何塞国际机场。

圣何塞国际机场距市区48千米,该机场主要为旧金山南部圣何塞市的居民提供服务,同时吸引了美国西南航空公司等低成本航空公司。

(二)加拿大

1 国家概况

加拿大位于北美洲最北端,英联邦国家之一,素有"枫叶之国"的美誉,首都是渥太华,是全国的政治、经济、文化中心。加拿大官方语言有英语和法语两种,是典型的双语国家。截至2023年6月,加拿大国家人口约4000万。

1)自然地理

加拿大位于北美洲北部,东临大西洋,西濒太平洋,西北部邻美国阿拉斯加州,南接美国本土,北靠北冰洋,海岸线长约24万千米。加拿大领土面积为998万平方千米,位居世界第二,人口主要集中在南部五大湖沿岸。

加拿大东部为丘陵地带,南部与美国接壤的大湖和圣劳伦斯地区,地势平坦,多盆地。西部为科迪勒拉山区,是加拿大最高的地区,许多山峰在海拔4000米以上。北部为北极群岛,多系丘陵低山。中部为平原区。最高山洛根峰,位于西部的落基山脉,海拔为5951米。加拿大是世界上湖泊较多的国家。因受西风影响,加拿大大部分地区属大陆性温带针叶林气候。东部气温稍低,南部气候适中,西部气候温和湿润,北部为寒带苔原气候,北极群岛终年严寒。中西部最高气温达40 ℃以上,北部最低气温低至-60 ℃。

加拿大共分6个时区,国际标准时GMT—5,比北京时间晚13小时。

2)经济地理

加拿大是西方七大工业化国家之一,制造业和高科技产业较发达,资源工业、初级制造业和农业也是国民经济的主要支柱。加拿大以贸易立国,对外资、外贸依赖很大。加拿大地域辽阔,森林、矿藏、能源等资源丰富。工业以石油、金属冶炼、造纸为主,农业以麦类为主,主要种植小麦、大麦、亚麻、燕麦、油菜籽、玉米等作物。渔业很发达,75%的鱼产品出口,是世界上最大的鱼产品出口国。加拿大的主要旅游城市有温哥华、渥太华、多伦多、蒙特利尔、魁北克城等。

3)航空运输

加拿大的定期航班运输总周转量居世界第11位,其中国际占62%。加拿大主要航空公司有加拿大航空公司、西捷航空公司,约有商业飞机4500架,经核准的机场共886个。主要机场68个,包括多伦多、温哥华、卡尔加里和蒙特利尔等国际机场。

2 主要航空企业

1)加拿大航空公司

加拿大航空公司(Air Canada,AC)原中文译枫叶航空,简称加拿大航空、加航(见图7-7),是加拿大的国家航空公司,总部设在魁北克省蒙特利尔。作为加拿大的旗舰航空公司,加航是加拿大境内航线、美加越境航线以及往返加拿大国际航线最大的承运航空公司。加拿大航空公司及其地区子公司加航JAZZ,提供飞往五大洲170多个目的地的航空客运服务,年运送乘客数超过

图7-7 加航标识

3200百万人次。

加拿大航空公司在2007年被全球权威调查机构Skytrax授予"北美最佳航空公司"奖项。2007年,加拿大航空公司作为航空业市场领导者,荣获全球航空权威刊物 Air Transport World 授予的航空业重要奖项"航空业成就奖"(Airline Industry Achievement Award)。同年,美国著名机上杂志 Global Traveler(《全球旅行者》)的读者评选加航为"北美最佳航空公司",美国 BusinessTraveler 杂志的读者评选加航商务舱为"飞往加拿大的最佳商务舱"。

加拿大航空公司是星空联盟的创始成员之一,通过与星空联盟伙伴的密切合作,为乘客提供全球最广泛的航空运输网络和高品质的客运服务。加拿大航空公司拥有丰富的全球航线网络,网络中心位于加拿大多伦多、蒙特利尔、卡尔加里及温哥华,可以提供班机直达67个加拿大城市、53个美国目的地,以及遍及欧洲、中东、亚洲、澳大利亚、加勒比海地区、墨西哥和南美洲的56个热点城市。加拿大航空公司及其地区子公司加航JAZZ平均每天运营定期航班达1300班次。通过与其伙伴航空公司以及星空联盟的密切合作,加航为"常旅客"会员提供全球155个国家的855个目的地的积分累计及兑换服务。

2) 西捷航空公司

西捷航空公司简称西捷航空(West Jet,WS),是加拿大的一家廉价航空公司,总部位于卡尔加里,为加拿大第二大航空公司。西捷航空(见图7-8)提供客运、货运及包机服务,目的地共有51个,主要在北美洲及墨西哥。目前,西捷航空是一家拥有7000多名员工及12亿美元市场资本值的公司。

图7-8 西捷航空标识

3 主要城市及机场

1) 多伦多

多伦多是加拿大安大略省的省会,地处世界最大淡水湖群——北美五大湖的中心安大略湖的西北岸,地势平坦,风景秀丽,是一座著名的旅游城市,有屯河和恒比河穿流其间,船只可由这里经圣劳伦斯河进入大西洋,为加拿大大湖区的一个重要港口城市。作为加拿大经济中心的多伦多是加拿大第一大城市,位于加拿大心脏地区,接近美国东部工业发达地区,是加拿大经济、商业、金融和文化中心。

(1) 多伦多皮尔逊国际机场。

多伦多皮尔逊国际机场(Toronto Pearson International Airport)简称皮尔逊国际机场、皮尔逊机场(见图7-9),距离市区27千米,第二次世界大战后就已经成为多伦多的首要机场。2019年,皮尔逊国际机场旅客吞吐量5049万人次,起降航班45万架次,是加拿大最大的门户机场,也是加拿大航空公司最重要的枢纽机场。2021年4月,机场官网显示,皮尔逊国际机场共设有3条东北西南向跑道,2条西北东南向跑道,另有9条平行滑行道。

图7-9 皮尔逊国际机场

(2) 汉密尔顿国际机场。

汉密尔顿国际机场(John C. Munro Hamilton International Airport)是以多伦多杰出的政治人物约翰·卡尔·蒙罗(John Carr Munro)的名字命名的机场,距离多伦多市中心大约100千米。20世纪90年代以来,出于环保考虑,皮尔逊机场开始实行宵禁和其他业务限制。一些必须在夜间起降的快递航空公司,如联邦快递、联合包裹,开始扎根汉密尔顿国际机场,使汉密尔顿逐渐成为大多伦多地区的航空货运,尤其是快递业务的中心。目前,汉密尔顿国际机场是加拿大较大的国内货机分销网络。

2) 蒙特利尔

蒙特利尔坐落于渥太华河和圣劳伦斯河交汇处,是加拿大第二大城市,过去曾在很长时期内为加拿大第一大城市。蒙特利尔在1967年举办过规模宏大的世界博览会,还承办过1976年的奥运会。作为魁北克省最大的城市,蒙特利尔的法语居民占多数,体现出独特的法国文化底蕴,被认为是北美的浪漫之都。

(1) 蒙特利尔皮埃尔·埃利奥特·特鲁多国际机场。

蒙特利尔皮埃尔·埃利奥特·特鲁多国际机场(Aéroport international Pierre-Elliott-Trudeau de Montréal),简称蒙特利尔特鲁多机场、特鲁多机场,旧称多佛尔国际机场。特鲁多机场位于加拿大魁北克省蒙特利尔市以西,在多佛尔市境内,作为一家国际机场服务于蒙特利尔与周边地区。特鲁多机场是魁北克省最繁忙的机场,也是加拿大第三繁忙的机场(按旅客),排在多伦多皮尔逊国际机场与温哥华国际机场之后。特鲁多机场提供直飞非洲、中美洲、南美洲、加勒比海地区、欧洲、美国、墨西哥和加拿大其他城市的直飞航班。特鲁多机场是加拿大唯一一座拥有直飞非洲航班的机场,同时也拥有北美最大的免税商店。特鲁多机场同时也是加拿大最大的航空公司加航与Air Transat的总部所在地。

(2) 蒙特利尔-米拉贝尔国际机场。

蒙特利尔-米拉贝尔国际机场(Montréal-Mirabel International Airport)又名蒙特利尔国

际机场、米拉贝尔国际机场,最早是按蒙特利尔的首要机场而且是按国际机场来规划的,准备替代和补充那时认为已经没有多大发展前途的多尔瓦机场。每年有大批旅客进出米拉贝尔国际机场。米拉贝尔国际机场专业的保障能力,吸引了众多航空公司在该机场开通航线。

1975年投入使用后,政府强行命令国际航班全部从多尔瓦机场转移到新修的米拉贝尔国际机场,多尔瓦机场仅保留国内航班和美国航班。这使得在蒙特利尔转机很不方便,旅客、货主和航空公司不得不转走多伦多,对蒙特利尔的航空发展不利。20世纪80年代,加拿大政府放松管制以后,不仅越来越多的航空公司开航从多尔瓦起飞的国际航班,有的航空公司还将部分国际航班从米拉贝尔回迁多尔瓦。魁北克政府不得不投资1.5亿加元重修多尔瓦,并重新调整这两个机场的定位,即多尔瓦机场向所有国际、国内正班开放,为承运人和旅客提供全方位的转机服务;米拉贝尔国际机场则瞄准货运和旅游包机航班。

3) 渥太华

渥太华是加拿大的首都,也是加拿大第四大城市,面积4715平方千米,位于安大略省东南部,渥太华河南岸,多伦多以东400千米,蒙特利尔以西190千米。

渥太华国际机场:全称是渥太华麦克唐纳-卡蒂埃国际机场(Ottawa Macdonald-Cartier International Airport),位于渥太华市中心南10千米处,有连通加拿大各地和国外的频繁往返的各趟航线。从早7点到晚9点,渥太华国际机场1小时1—2趟班机。从多伦多出发约1小时可抵达渥太华国际机场。此外,到达渥太华国际机场,从蒙特利尔出发要30分钟,从魁北克出发要1小时,从温哥华出发有5小时20分的距离。

4) 温哥华

温哥华市是加拿大不列颠哥伦比亚省低陆平原地区一沿岸城市,是加拿大第三大都会、加拿大西部第一大城市。温哥华南部是美国西北部第一大城市西雅图。温哥华电影制片发达,是北美洲继洛杉矶、纽约之后的第三大制片中心,素有"北方好莱坞"之称。温哥华近年经常在各项世界最佳居住城市的调查中名列前茅。

温哥华国际机场(Vancouver International Airport):是位于加拿大不列颠哥伦比亚省列治文市海岛的一个民用国际机场,也是加拿大面积第二大、第二繁忙的国际机场,仅次于多伦多皮尔逊国际机场。温哥华国际机场向大温哥华区域局提供服务,是加拿大航空以及加拿大越洋航空的枢纽机场。温哥华国际机场拥有前往亚洲、欧洲、大洋洲、美国和加拿大其他主要机场的直飞航班。

(三) 巴西

1 国家概况

巴西联邦共和国,简称巴西,国名源于巴西红木。巴西是南美洲最大的国家,享有"足球王国"的美誉,足球是巴西人文化生活的主流运动。巴西国土总面积851.49万平方千米,居世界第五。巴西共分为26个州和1个联邦区,州下设市。巴西的文化具有多重民族的特性,作为一个民族大熔炉,有来自欧洲、非洲、亚洲等地的移民。

1) 自然地理

巴西位于南美洲东部。北邻法属圭亚那、苏里南、圭亚那、委内瑞拉和哥伦比亚,西界秘鲁、玻利维亚,南接巴拉圭、阿根廷和乌拉圭,东濒大西洋,海岸线长约7400千米。巴西国土80%位于热带地区,最南端属亚热带气候。北部亚马孙平原属赤道(热带)雨林气候,年平均气温27—29 ℃;中部高原属热带草原气候,分旱季、雨季;南部地区平均气温16—19 ℃。

巴西的首都巴西利亚有"世界建筑博览会"之称。国际标准时GMT—3,比北京时间晚11小时。

2) 经济地理

巴西自然条件得天独厚,矿产、土地、森林和水力资源十分丰富。铌、锰、钛、铝矾土、铅、锡、铁、铀等29种矿物储量位居世界前列。铌矿储量已探明520万吨,产量占世界总产量的90%以上。已经探明铁矿储量333亿吨,占世界9.8%,居世界第五位,产量居世界第二位。石油探明储量149亿桶,居世界第15位,南美地区第二位(仅次于委内瑞拉)。

巴西是拉美第一经济大国,有较为完整的工业体系,工业产值居拉美之首。钢铁、汽车、造船、石油、化工、电力、制鞋等行业在世界享有盛誉,核电、通信、电子、飞机制造、信息、军工等领域的技术水平已跨入世界先进国家行列。巴西是世界第一大咖啡生产国和出口国,有"咖啡王国"之称,甘蔗和柑橘的产量也居世界之首。巴西是仅次于美国和德国的世界第三大糖果生产国。巴西全国可耕地面积约4亿公顷,被誉为"21世纪的世界粮仓"。巴西的畜牧业非常发达,以养牛为主。巴西是南美钢铁大国,为世界第六大产钢国,钢材出口达1200万吨,占全国钢材总量的54%,也是拉美第一、世界第九汽车生产大国。巴西的主要旅游城市和景点有里约热内卢、圣保罗、萨尔瓦多、巴西利亚、马瑙斯、黑金城、伊瓜苏大瀑布、巴拉那石林和大沼泽地等。

3) 航空运输

巴西是第三世界国家中航空业发展水平较高的国家,其航空运输业在拉丁美洲居于首位。全国共有2498个飞机起降点,居世界第二,其中国际机场34个,与世界主要地区有定期航班。2022年,巴西航空旅客运量国内航线8220万人次,国际航线1560万人次。圣保罗国际机场是全国航空枢纽,年运送乘客3500万人次。

❷ 主要航空企业

1) 巴西天马航空

巴西天马航空(TAM Linhas Aéreas)又译巴西塔姆航空,是一家以圣保罗为基地的巴西航空公司。天马航空(见图7-10)是巴西最大的航空公司,主要经营由圣保罗往返巴西各主要城市的国内航线,与部分南美洲邻国城市的短程国际航线。

图7-10 天马航空标识

巴西天马航空于1961年2月21日成立,1997年之后开始通过与合作伙伴代码共享的方式,以及购入新的大型远程客机,开始经营中长程国际航线,而逐渐转型成为一家国际航空公司。巴西天马航空原本一直是巴西第二大的航空公司,但是当巴西最大的国际航空公

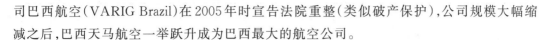

司巴西航空(VARIG Brazil)在2005年时宣告法院重整(类似破产保护),公司规模大幅缩减之后,巴西天马航空一举跃升成为巴西最大的航空公司。

近年来,天马航空开始更新机队色彩。除保有原本的红色主调,亦加入了代表巴西的黄、绿二色。机身上方加上"ORGULHO DE SER BRASILEIRA",意指"以身为巴西人而自豪"。

2)巴西航空工业公司

巴西航空工业公司(Embraer S.A.)是巴西的一家航空工业集团,成立于1969年,业务范围主要包括商用飞机、公务飞机和军用飞机的设计制造,以及航空服务。巴西航空工业公司现为全球最大的120座级以下商用喷气飞机制造商,占世界支线飞机市场约45%市场份额。巴西航空工业公司现已跻身于世界四大民用飞机制造商之列,成为世界支线喷气客机的最大生产商。

3 主要城市及机场

巴西的主要城市及机场有圣保罗等。

圣保罗是南美洲最大的城市、最大的工业中心、圣保罗州首府、世界4座最大的都市之一。圣保罗位于巴西东南部马尔山脉大崖壁边缘海拔800多米的高原上,东南距外港63千米,城区面积1624平方千米,包括郊区在内的大圣保罗则达2300多平方千米。圣保罗虽然处在南回归线附近,但因地势比较高,夏季多雨凉爽,冬季干燥偏冷,无严寒,是一座气候宜人、林木苍翠、风光秀丽的城市。

圣保罗国际机场(São Paulo International Airport:又称孔戈尼亚斯国际机场,是目前巴西和南美洲乘客流量最大的机场,每日平均有630架飞机起降,是巴西圣保罗的第二个国际机场,机场距离圣保罗市中心只有8千米。1957年,圣保罗国际机场成为世界第三大货运及航空机场。2006年12月10日,中国国航公司开通北京—西班牙(马德里)—巴西(圣保罗)航线。这是该公司首条由中国到南美洲的(直达)航线。

任务实施

作业以小组为单位,5—6人组成一个团队,可以自由组队。团队选取IATA一区的任一国家为研究对象,按要求介绍选定的国家。

(1)可以从航空和旅游两个方面介绍选定国家,包括该国家的机场、主要航空公司、航空发展情况、主要景点以及人文风情等。

(2)每组各派一个组员结合PPT进行演示介绍,介绍时间为10—15分钟。

任务评价

根据任务实施评分表,对任务实施的结果进行评价。

考核内容		分值	学生评分	教师评分	实得分
能力	查阅研究能力	25			
	分析总结能力	25			
	小组合作能力	25			
	语言表达能力	25			
	总分	100			

课后测试

1. 简述IATA一区的范围。
2. IATA一区的次区有哪些?
3. 简述IATA一区的地理与航空基本状况。
4. 美国的主要航空公司有哪些?各有什么特色?
5. 美国有哪些主要机场?
6. 加拿大的主要航空公司、主要机场有哪些?
7. 巴西的主要航空公司、主要机场有哪些?

任务二 熟悉IATA二区的概况

知识目标

1. 了解IATA二区的范围界定。
2. 熟悉IATA二区中的次区范围。
3. 掌握IATA二区主要国家的概况。

技能目标

能够在地图上准确地识别IATA二区的范围。

任务导入

课堂活动:上台分享IATA二区的范围中包含的熟悉的国家及对其航空发展的了解。

一、IATA二区的范围

IATA二区(Area 2或TC2)指欧洲大陆及其附近的岛屿,包括冰岛、亚速尔群岛、非洲及其附近的岛屿、阿森松岛以及亚洲的一部分,即伊朗以西(包括伊朗)。应当注意的是,IATA定义的欧洲次区除了包括地理上的欧洲外,还应加上突尼斯、阿尔及利亚、摩洛哥、加那利群岛、马德拉群岛及塞浦路斯和土耳其的亚洲部分。

IATA二区中的欧洲、非洲、中东地区在发展历史、种族、宗教、政治经济等方面有着较大的差异,在航空发展水平上也很不平衡。

(一) 欧洲

欧洲由于大部分国家面积较小,国内运输主要以高速公路、高速铁路为主,这两种运输方式在洲内被高度重视。欧洲一直是世界航空运输较发达的地区,航空运输是其国际运输的主要交通方式。欧洲定期航班完成的运输周转量仅次于北美,而不定期的航班也很发达,其业务量与定期航班相当。但是,欧洲作为航空运输发展最早的地区,如今航空资源不足,机场容量、航路使用等日益接近饱和状态的情况严重制约了航空运输业的发展,欧洲航空运输速度呈现减慢的趋势,在世界航空的比例有所下降。

(二) 中东

中东是世界文化的发源地,也是伊斯兰教的圣地。它是连接欧亚大陆的必经之地,有优越的地理位置和丰富的石油资源,航空运输比较发达。中东航线分布密集,航空运输业务量较大,像伊斯兰堡、卡拉奇等城市还是世界上重要的中继站。

(三) 非洲

非洲人口众多、地域辽阔、物产丰富。非洲主要交通运输方式是铁路和公路,铁路亟需投资改造。在航空运输方面,非洲仍属于比较落后的地区。

二、IATA二区中的次区

IATA又把二区细分为如下三个部分。

(一) 欧洲次区

欧洲次区(Europe Sub-area),包括:阿尔巴尼亚、阿尔及利亚、安道尔、亚美尼亚、奥地利、阿塞拜疆、白俄罗斯、比利时、波斯尼亚和黑塞哥维那、保加利亚、克罗地亚、塞浦路斯、捷克共和国、丹麦、爱沙尼亚、法罗群岛、芬兰、法国、格鲁吉亚、德国、直布罗陀、希腊、匈牙利、冰岛、爱尔兰、意大利、拉脱维亚、列支敦士登、立陶宛、卢森堡、马其顿、马耳他、摩纳哥、摩尔多瓦、摩洛哥、荷兰、挪威、波兰、葡萄牙(包括亚速尔群岛和马德拉群岛)、罗马尼亚、俄罗斯(乌拉尔山以西部分)、圣马力诺、斯洛伐克、斯洛文尼亚、西班牙(包括巴利阿里群岛和加那利群岛)、瑞士、瑞典、突尼斯、土耳其、乌克兰、英国、南斯拉夫。

另外,IATA的欧洲次区还可以划分为以下几个小区。

(1) 斯堪的纳维亚,包括:丹麦(格陵兰除外)、挪威、瑞典(运价计算时,上述三国应被视为同一国)。

(2) 欧共体航空区域(European Commom Aviation Area,ECAA),包括:奥地利、比利时、丹麦、芬兰、法国、德国、希腊、冰岛、爱尔兰、意大利、列支敦士登、卢森堡、荷兰、挪威、葡萄牙、西班牙、瑞典、英国。

(二)非洲次区

非洲次区(Africa Sub-area)由下列小区组成。

(1) 中非,包括:马拉维、赞比亚、津巴布韦。

(2) 东非,包括:布隆迪、吉布提、厄立特里亚、埃塞俄比亚、肯尼亚、卢旺达、索马里、坦桑尼亚、乌干达。

(3) 南非,包括:博茨瓦纳、莱索托、莫桑比克、纳米比亚、南非、斯威士兰。

(4) 西非,包括:安哥拉、贝宁、布基纳法索、喀麦隆、佛得角、中非共和国、乍得、刚果(布)、刚果(金)、科特迪瓦、赤道几内亚、加蓬、冈比亚、加纳、几内亚、几内亚比绍、利比里亚、马里、毛里塔尼亚、尼日尔、尼日利亚、圣多美和普林西比、塞内加尔、塞拉利昂、多哥。

(5) 印度洋岛屿,包括:科摩罗、马达加斯加、毛里求斯、马约特、留尼汪、塞舌尔。

(6) 利比亚(利比亚属于非洲次区,但不属于上述任何小区)。

注意:地理上的非洲比IATA区域定义的要广,还包括阿尔及利亚、加那利群岛、埃及、马德拉群岛、摩洛哥、突尼斯、苏丹等,但这些国家在IATA区域的划分中分属于欧洲和中东次区。

(三)中东次区

中东次区(Middle East Sub-area)包括巴林、埃及、伊朗、伊拉克、以色列、约旦、科威特、黎巴嫩、卡塔尔、沙特阿拉伯、苏丹、阿曼、叙利亚、阿拉伯联合酋长国(由阿布扎比、阿治曼、迪拜、富查伊拉、哈伊马角、沙迦及乌姆盖万等组成)、也门。

三、IATA二区主要国家概况

(一)俄罗斯

1 国家概况

俄罗斯联邦,亦称俄罗斯,首都莫斯科。国土面积1709.82万平方千米,东西最长9000千米,南北最宽4000千米,是世界上国土最辽阔的国家。截至2023年4月,俄罗斯总人口约为1.46亿人,共有194个民族,以俄罗斯族为主,大多信奉东正教,官方语言为俄语。

1) 自然地理

俄罗斯横跨欧亚大陆,邻国西北面有挪威、芬兰,西面有爱沙尼亚、拉脱维亚、立陶宛、波兰、白俄罗斯,西南面是乌克兰,南面有格鲁吉亚、阿塞拜疆、哈萨克斯坦,东南面有中国、蒙古国和朝鲜。东面与日本和美国隔海相望。俄罗斯大部分地区处于北温带,以大陆性气候为主,温差普遍较大,1月气温平均为零下5℃至零下40℃,7月气温平均为11—27℃。

俄罗斯以平原和高原为主的地形。地势南高北低,西低东高。西部几乎全属东欧平原,向东为乌拉尔山脉、西西伯利亚平原、中西伯利亚高原、北西伯利亚低地和东西伯利亚山地、太平洋沿岸山地等。西南耸立着大高加索山脉,最高峰厄尔布鲁士山海拔5642米。森林覆盖面积8.09亿公顷,占国土面积的46.6%,居世界第一位,木材蓄积量1022亿立方米。

2) 经济地理

俄罗斯拥有广阔的耕地、平坦的地形、肥沃的土壤和充足的水源,国土跨寒带、亚寒带和温带三个气候带,农业条件十分优越。粮食作物主要有小麦、大麦、玉米、水稻等,经济作物以亚麻、向日葵和甜菜为主。粮食、小麦、葵花子、马铃薯的产量均居世界前五位。养殖业中,鸡蛋、牛奶、羊毛产量也位列世界前列。

乌拉尔牌石油价格是俄罗斯制定国家财政预算的重要依据。2021年,俄罗斯石油(包括凝析油)开采量为5.24亿吨,同比增长2.2%。出口石油2.3亿吨,同比下降3.8%。

3) 航空运输

在航空运输方面,目前,俄罗斯机场总数有232个,其中71个为国际机场。俄罗斯的主要机场有莫斯科谢列梅捷沃国际机场、伏努科沃1号国际机场、多莫杰多沃国际机场、圣彼得堡普尔科沃国际机场、下诺夫哥罗德国际机场、新西伯利亚机场、叶卡捷琳堡机场、哈巴罗夫斯克诺维机场等。2021年,俄罗斯空运客运量1.1亿人次,同比增长60%,货运量150万吨,同比增长25.7%。

俄罗斯现有航空公司46家,其中年运力超过100万人次的大型航空公司有11家。俄罗斯航天国家集团公司简称俄航集团公司,是俄罗斯的载旗航空公司,也是欧洲较大的航空集团公司。在英国独立航空服务调查机构Skytrax发布的2021全球航空公司排行榜中,俄航集团公司位列全球航空公司第14位,较2019年排名提升8位。

俄罗斯已开通上百条国际航线。其中,俄罗斯"空中舰队"航空公司73条、俄罗斯航空公司54条、俄罗斯洲际航空公司46条、俄罗斯西伯利亚航空公司22条、联合航空公司6条。2022年4月,俄罗斯恢复与包括中国在内的52个友好国家因疫情而取消的国际航班。截至2022年7月,俄罗斯与美国、英国、欧盟27个成员国等48个不友好国家相互关闭领空。

2 主要航空企业

1) 俄罗斯航空公司

俄罗斯航空公司(Aeroflot-Russian Airlines),简称俄罗斯航空(俄航),是俄罗斯最大的航空公司,也是天合联盟的成员之一。俄罗斯航空公司(见图7-11)的历史可追溯到创始于1923年的苏联国家航空。俄罗斯航空公司的前身是1932年成立的苏联民航总局,曾垄断苏联国内外所有民航服务,是当时世界最大的航空公司。俄罗斯航空公司总部位于首都莫斯科,基地设于莫斯科谢列梅捷沃国际机场。

图7-11 俄罗斯航空公司标识

2) 西伯利亚航空公司

西伯利亚航空公司(Siberia Airlines),又称S7航空公司,总部设在莫斯科。机队目前有69架飞机,平均机龄情况为9年,主要基地有新西伯利亚机场、多莫杰多沃国际机场、伊尔库茨克机场。

3 主要城市及机场

莫斯科(Moscow)地处俄罗斯欧洲部分中部,跨莫斯科河及其支流亚乌扎河两岸。现有人口800多万,是世界特大都市之一和欧洲最大的城市。莫斯科市区被一条周长109千米的环城高速公路所包围,市区南北长40千米,东西长30千米,面积1000多平方千米。莫斯科作为独联体航空网的中心,拥有4座机场,与大部分欧洲国家首都和纽约、蒙特利尔、东京等外国城市有直达航线,与97个国家、122个城市有国际航运业务。莫斯科市内交通较发达,地铁和公共汽车为主要工具,私人汽车在稳步增加。

莫斯科的大型国际机场包括谢列梅捷沃1号国际机场、谢列梅捷沃2号国际机场、多莫杰多沃国际机场和伏努科沃国际机场等。

(1) 谢列梅捷沃国际机场。

谢列梅捷沃2号国际机场(Sheremetyevo-2 International Airport)是俄罗斯最为重要的国际机场,为世界60个国家航空公司提供服务。东南距莫斯科市中心27千米,为4F级国际机场、门户型国际航空枢纽。

1959年8月11日,谢列梅捷沃国际机场正式开通民航业务;2012年4月9日,谢列梅捷沃国际机场升格为4F级机场;2019年6月5日,谢列梅捷沃国际机场正式更名为谢列梅捷沃亚历山大·普希金国际机场。

(2) 多莫杰多沃国际机场。

多莫杰多沃国际机场全称多莫杰多沃米哈伊尔·罗蒙诺索夫国际机场,为4F级国际机场、门户型国际航空枢纽,位于俄罗斯莫斯科州,西北距莫斯科直辖市中心42千米。多莫杰多沃国际机场共有3条跑道,东跑道长3800米、宽60米,中跑道长2370米、宽50米,西跑道长3500米、宽56米。

(二)英国

1 国家概况

英国全称大不列颠及北爱尔兰联合王国,本土位于欧洲大陆西北面的不列颠群岛,被北海、英吉利海峡、凯尔特海、爱尔兰海和大西洋包围。

1) 自然地理

英国是位于欧洲西部的岛国,由大不列颠岛(包括英格兰、苏格兰、威尔士)、爱尔兰岛东北部和一些小岛组成,隔北海、多佛尔海峡、英吉利海峡与欧洲大陆相望。英国国土面积24.41万平方千米(包括内陆水域),英格兰地区13.04万平方千米,苏格兰7.88万平方千米,威尔士2.08万平方千米,北爱尔兰1.41万平方千米。英国海岸线总长11450千米,全境分为四部分:英格兰东南部平原、中西部山区、苏格兰山区、北爱尔兰高原和山区。英国的主要河流有塞文河和泰晤士河,北爱尔兰的讷湖(396平方千米)面积居全国之首。

英国属海洋性温带阔叶林气候,终年温和湿润。通常最高气温不超过32 ℃,最低气温不低于—10 ℃,平均气温1月4—7 ℃,7月13—17 ℃。多雨雾,秋冬尤甚。年平均降水量约1000毫米。北部和西部山区的年降水量超过2000毫米,中部和东部则少于800毫米。每年2—3月最为干燥,10月至次年1月最为湿润。

首都伦敦是英国的政治、经济、金融中心,时间为国际标准时GMT中央时区时刻,比北京时间晚8小时。

2) 经济地理

英国是一个高度发达的资本主义国家,为欧洲四大经济体之一,其国民拥有极高的生活水平和良好的社会保障体系。英国是全球最大的金融服务净出口国,作为全球金融中心的地位,在短时间内仍难撼动。2021年,英国国内生产总值2.2万亿英镑,人均国内生产总值32555英镑。

服务业是衡量现代国家发达程度的标准之一,英国的服务业占国内生产总值的3/4以上,制造业占1/10左右。2019年,英旅游业收入居世界第五,从业人员约330万,占就业人口的10%。

英国是欧盟中能源资源最丰富的国家,也是世界主要生产石油和天然气的国家。英国是世界上第一个满足本国2600万电、气用户的国家。英国是世界第四大贸易国,贸易额占世界贸易总额的5%以上,商品和劳务出口约占国内生产总值的25%。

3) 航空运输

英国所有的航空公司和大多数机场均为私营企业,共有50多家航空公司,在役飞机952架。较有影响力的航空公司有英国航空公司,是世界上较大的航空公司。英国共有449个机场,其中35个机场年客流量在10万人次以上。英国最大的机场是位于伦敦的希思罗机场,它也是欧洲最大及世界上非常繁忙的一个机场。位于伦敦的盖特威克机场是英国第二大机场。

2 主要航空企业

1) 英国航空公司(BA)

英国航空公司(British Airways)又称大英航空或不列颠航空,简称英航,总部设在伦敦希思罗机场,以伦敦希思罗机场作为枢纽基地。英国航空公司(见图7-12)是英国国营航空公司,也是英国历史最悠久的航空公司。

图7-12 英国航空公司标识

英国航空公司于1974年4月成立,其历史可以追溯到1924年成立的帝国航空。英国航空公司是全球较大的国际航空客运航空公司,是全球第七大之货运航空公司之一,同时也是世界上运送国际旅客较多的航空公司、"寰宇一家"航空联盟的创始成员之一。

英国航空公司在世界上非常繁忙的航空枢纽机场——伦敦希思罗机场拥有绝对的市场份额。英国航空公司还是世界上曾经拥有最多超音速客机——协和号飞机的航空公司,是世界上第一家在商务舱引进睡床的航空公司。英国航空公司也是全球历史悠久的航空公司之一,一向被尊崇为业界翘楚,并在OAG大奖赛中获评为"2007年度最佳航空公司"。英国航空公司自1980年起为中国提供服务,目前每周有7个班次由北京直飞伦敦(冬季为每周6班),同时每周5个航班从上海直飞伦敦,所用机型为波音777客机。英国航空公司的航班网络覆盖75个国家及地区的145个目的地。

2) 维珍航空公司

维珍航空公司是英国维珍大西洋航空公司(Virgin Atlantic Airways)的简称。维珍航空(见图7-13)于1984年成立,如今已发展成为英国第二大远程国际航空公司。维珍航空以其一贯的高品质服务及勇于创新理念闻名遐迩,其航线遍及世界各大主要城市。维珍航空公司提出经营目标是"为所有客舱乘客提供最高品质、最超值的服务"。

图7-13 维珍航空标识

目前,以伦敦的盖特威克机场和希思罗机场为基地,维珍航空公司提供的国际直达航线有从希思罗机场直飞纽约的纽瓦克自由国际机场和肯尼迪国际机场,包括洛杉矶、旧金山、华盛顿特区、东京、香港和约翰尼斯堡等。

维珍航空公司于1999年5月22日首航上海至伦敦航线,并于2001年夏天开辟伦敦至多伦多航线。目前,维珍航空公司每周有4班往返上海与伦敦的班机,这是现行中英航空服务协议规定的最高额度。因此,维珍航空公司在这条航线上投入了目前最长的飞机A340-600,它拥有311个座位,比A340-300的255个座位多了56个座位。维珍航空公司在用满了现有航空协议下的航权前提下,使用大型飞机使得营运量增长了40%。

3 主要城市及机场

首都伦敦是英国的政治、经济、金融中心,也是世界最大的国际外汇市场和国际保险中心，以及世界上较大的金融和贸易中心。伦敦位于英格兰东南部的平原上，跨泰晤士河，距离泰晤士河入海口88千米。西伦敦是英国王宫、首相官邸、议会和政府各部所在地，东伦敦是工业区和工人住宅区，南区是工商业和住宅混合区，港口指伦敦塔桥至泰晤士河河口之间的地区。整个大伦敦市面积1580平方千米。伦敦的航空运输十分发达，有希思罗和盖特威克两个机场。伦敦港是英国最大的港口，也是世界著名的港口之一。伦敦发达的交通业和引人入胜的古迹使其成为旅游胜地，伦敦每年接待外国旅游者达800多万人。

(1)希思罗机场。

希思罗机场（Heathrow Airport）是英国最大的机场，也是世界上繁忙的机场之一，有时一天起降飞机近千架次，航空运输高峰期间，平均每分钟有一架飞机起降。希思罗机场（见图7-14）位于伦敦西部，面积大约12平方千米，拥有2条跑道、4个航站楼，是北大西洋航线的重要枢纽机场。

图7-14　希思罗机场

(2)盖特威克机场。

盖特威克机场（Gatwick Airport）：是英国第二大机场、世界上第六大繁忙的机场，也是世界上繁忙的单跑道机场。目前，大约有90家航空公司使用盖特威克机场，联系了世界上200个目的地。

此外，英国还有伦敦城市机场、卢顿机场、斯坦斯特德机场等。

（三）法国

1 国家概况

法国全称法兰西共和国，是一个本土位于西欧的半总统共和制国家，海外领土包括南美洲和南太平洋的一些地区。法国是一个崇尚自由、个性张扬的国度，是一个以时装、红酒闻名于世的国家，更是一个有着优雅女人和浪漫情怀的国度。法国的首都巴黎为世界时尚浪漫之都。

1）自然地理

法国位于欧洲西部，与比利时、卢森堡、瑞士、德国、意大利、西班牙、安道尔、摩纳哥接壤，西北隔拉芒什海峡与英国相望，濒临北海、拉芒什海峡、大西洋和地中海四大海域，地中海上的科西嘉岛是法国的最大岛屿。

法国面积约55万平方千米，地势东南高、西北低，平原占总面积的2/3。主要山脉有阿尔卑斯山脉、比利牛斯山脉、汝拉山脉等。法国、意大利边境的勃朗峰海拔4810米，为欧洲最高峰。河流主要有卢瓦尔河、罗讷河、塞纳河等。西部属海洋性温带阔叶林气候，南部属亚热带地中海气候，中部和东部属大陆性气候。平均降水量从西北往东南由600毫米递增至1000毫米以上。

首都巴黎是法国的政治、经济、金融中心。国际标准时GMT＋1，比北京时间晚7小时。

2）经济地理

法国经济发达，国内生产总值居世界前列。主要工业部门有矿业、冶金、钢铁、汽车制造、日常消费品、食品加工和建筑业等。核能、石油化工、海洋开发、航空和宇航等新兴工业部门近年来发展较快，在工业产值中所占比重不断提高。核电设备能力、石油和石油加工技术居世界第二位，仅次于美国，航空和宇航工业仅次于美国和独联体，居世界第三位。钢铁工业、纺织业居世界第六位。但占主导地位的仍是传统的工业部门，其中钢铁、汽车、建筑为三大支柱。工业在国民经济中的比例有逐步减少的趋势。第三产业在法国经济中所占比例逐年上升。其中，电信、信息、旅游服务和交通运输部门业务量增幅较大，服务业从业人员约占总劳动力的70％。

法国商业较为发达，创收最多的是食品销售，在种类繁多的商店中，超级市场和连锁店最具活力，几乎占全部商业活动的1/2。法国是欧盟最大的农业生产国，也是世界主要农副产品出口国。粮食产量占全欧洲粮食产量的1/3，农产品出口仅次于美国，居世界第二位。法国也是世界贸易大国，法国时装、法国大餐、法国香水都在世界上闻名遐迩。法国非产品化的技术出口增长较快，纯技术出口在整个出口贸易中的地位日益显要。

3）航空运输

法国共有153个民用机场，通达134个国家和地区的529个城市。法国的主要航空公司为法航，主要机场有巴黎夏尔·戴高乐国际机场和巴黎奥利机场、尼斯蔚蓝海岸机场等。

❷ 主要航空企业

法国的主要航空企业包括法国航空公司等。

法国航空公司（Air France），是法国航空-荷兰皇家航空公司集团旗下公司，简称法航。

法国航空公司（见图7-15）是法国国营航空公司，成立于1933年，在2004年5月收购荷兰皇家航空公司，并因此组成了法国航空-荷兰皇家航空集团，在法国的法律之下成立，而

图7-15 法航标识

总部则设于巴黎夏尔·戴高乐国际机场。法国航空-荷兰皇家航空集团是世界上较大的航空公司，法国航空公司是天合联盟的创始成员之一，2018年12月，世界品牌实验室编制的《2018世界品牌500强》揭晓，法国航空公司排名第202位。2007年，Skytrax评估其为四星

级航空公司。

法航荷航集团一共拥有168架长程飞机,是从欧洲出航的最大的国际长程航运网络。法航营运380架飞机,其中133架由其子公司使用营运区域航线。法航机队的平均机龄为9.3年(长程航线平均机龄8.7年,中程航线平均机龄9.2年),是欧洲一个现代化的航空公司。

③ 主要城市及机场

法国的主要城市巴黎,主要机场包括夏尔·戴高乐国际机场等。

首都巴黎是法国的政治、经济、文化中心,也是法国是最大城市、欧洲第二大城市。巴黎是世界四大国际化都市之一,其余分别为纽约、伦敦、东京。巴黎地处法国北部,塞纳河西岸,距河口(拉芒什海峡)375千米。塞纳河蜿蜒穿过城市,形成两座河心岛(斯德和圣路易)。

今天的巴黎,不仅是西欧的一个政治、经济、文化中心,而且是一座旅游胜地,每天吸引无数来自各大洲的宾客与游人。巴黎已有1400多年的历史,巴黎香水有"梦幻工业"之称。法国还是美食之国。巴黎是历史之城、美食之都和创作重镇。形形色色不同背景的巴黎居民,为这座梦想之城带来缤纷活力,形成"花都"独一无二的印记。巴黎是著名的世界艺术之都:印象派美术发源地、芭蕾舞的诞生地、欧洲启蒙思想运动中心、电影的故乡、现代奥林匹克运动会创始地。巴黎又是世界公认的文化之都,大量的科学机构、研究院、图书馆、博物馆、电影院、剧院、音乐厅分布于全市的各个角落。

巴黎夏尔·戴高乐国际机场(Paris Charles de Gaulle Airport),又称鲁瓦西机场(Roissy Airport),简称戴高乐机场,是位于法国首都巴黎市东北25千米处的一座民用机场,以法国军事家、政治家、外交家和作家,法兰西第五共和国的创建者及第一任总统夏尔·安德烈·约瑟夫·马里·戴高乐的名字命名,隶属于巴黎机场集团,并由其运营管理,为巴黎大都会区提供航空服务。戴高乐机场是欧洲乃至世界主要的航空中心之一,是法国最大、最主要的国际机场。戴高乐机场是法国航空的枢纽机场、达美航空的欧洲航空枢纽,也是地中海航空、易捷航空和伏林航空服务的重点城市。

此外,巴黎还有奥利机场和布尔热机场等。奥利机场用于法国国内航线和北非航线,布尔热机场用于国际航空运输。

(四) 德国

① 国家概况

德国全称德意志联邦共和国,是位于中欧的联邦议会共和制国家,首都为柏林,领土面积35.8万平方千米,以温带气候为主。截至2022年,德国人口达到8430万,是欧洲联盟中人口最多的国家,主要是德意志人。

1) 自然地理

德国位于欧洲中部,东邻波兰、捷克,南毗奥地利、瑞士,西接荷兰、比利时、卢森堡、法国,北与丹麦相连,濒临北海和波罗的海。地势北低南高,可以分为四个地形区:北德平原,平均海拔不到100米;中部山地,由东西走向的高地块构成;西南部莱茵断裂谷地区,两旁是山地,谷壁陡峭;南部的巴伐利亚高原和阿尔卑斯山区,其间拜恩阿尔卑斯山脉的主峰祖格峰海拔2963米,为全国最高峰。德国的主要河流有莱茵河、多瑙河等。德国西北部海洋性气候较明显,往东、南部逐渐向大陆性气候过渡。平均气温7月14—19 ℃,1月零下5—1 ℃。年降水量500—1000毫米,山地则更多。

首都柏林是德国的政治、经济、文化中心。国际标准时GMT+2,比北京时间晚6小时。

2) 经济地理

德国是高度发达的工业国家,经济总量位居欧洲首位。德国是商品出口大国,工业产品的一半销往国外。其出口额现居世界第二位,德国近1/3的就业人员为出口行业工作,主要出口产品有汽车、机械产品、电气、运输设备、化学品和钢铁。进口产品主要有机械、电器、运输设备、汽车、石油和服装。主要贸易对象是西方工业国。德国自然资源贫乏,除硬煤、褐煤和盐的储量丰富之外,在原料供应和能源方面很大程度上依赖进口,2/3的初级能源需要进口。德国的工业以重工业为主,汽车、机械制造、化工、电气等占全部工业产值的40%以上。食品、纺织与服装、钢铁加工、采矿、精密仪器、光学以及航空与航天工业也很发达。中小企业多,工业结构布局均衡。农业发达,机械化程度很高。农业用地约占德国国土面积的1/2。产品可满足本国需要的80%。旅游业、交通运输业发达。德国是啤酒生产大国,其啤酒产量居世界前列。德国还是最早研制成功磁悬浮铁路技术的国家。

3) 航空运输

德国主要机场有三个:柏林泰格尔机场、法兰克福国际机场和慕尼黑国际机场。其中,法兰克福国际机场(欧洲第二大机场,仅次于伦敦,也是货运量第一大的机场)和慕尼黑国际机场是德国较大的机场,两者皆为汉莎航空公司的枢纽机场。而柏林航空的枢纽机场设于柏林泰格尔机场及杜塞尔多夫机场,德国其他重要机场包括柏林舍讷费尔德机场、汉堡国际机场、科隆波恩机场、莱比锡/哈雷机场。

2 主要航空企业

德国的主要航空企业包括汉莎航空公司等。

德国汉莎航空股份公司(Deutsche Lufthansa AG),简称汉莎航空、德航(见图7-16),是德国的国家航空公司。按照载客量和机队规模计算,汉莎航空公司为欧洲最大的航空公司;按照乘客载运量计算,汉莎航空公司为世界第四大航空公司。

图7-16　汉莎航空标识

汉莎航空其德文原意是指"空中的汉莎"。"汉莎"一词源自13—15世纪北德地区强大的商业联盟汉莎同盟。德国汉莎航空的客运和货运服务的经营中心位于法兰克福。汉莎航空公司是德意志联邦共和国最大的国际航空公司。质量和创新、安全和可靠永远都是汉莎航空公司的特色。瑞士国际航空公司亦隶属德国汉莎航空集团。汉莎航空的核心业务是经营定期的国内及国际客运和货运航班,飞行网络遍布全球450多个航空目的港。

3 主要城市及机场

1）柏林

柏林位于德国东北部，是德国的首都和最大的城市，也是德国的政治、文化、交通及经济中心。

柏林是德国16个联邦州之一，和汉堡、不来梅同为德国仅有的3个的城市州。第二次世界大战后，城市被分割为两个区域，东柏林成为东德的首都，而西柏林事实上成为西德在东德的一块飞地，被柏林墙围住。直到1990年两德统一，柏林重新获得了德国首都的地位，并驻有147个外国大使馆。2019年12月26日，位列2019年全球城市500强榜单第七名。

柏林有柏林泰格尔机场、柏林腾珀尔霍夫机场、柏林舍讷费尔德机场，这三个机场容量较小，德国政府修建了新的柏林勃兰登堡国际机场，以适应德国迁都柏林的经济与运量发展。

2）慕尼黑

慕尼黑（见图7-17）也称明兴，是德国巴伐利亚州的首府。慕尼黑分为老城与新城两部分，总面积达310平方千米。慕尼黑位于德国南部阿尔卑斯山北麓的伊萨尔河畔，是德国主要的经济、文化、科技和交通中心之一。慕尼黑同时又保留着原巴伐利亚王国都城的古朴风情，因此被人们称作"百万人的村庄"，是生物工程学、软件及服务业的中心。

图7-17 慕尼黑

慕尼黑国际机场：位于德国慕尼黑东北28千米的埃尔丁沼泽，紧邻弗赖辛。它于1992年5月17日投入使用，以取代原本因周边密集的住宅而规模无法扩建的慕尼黑-里姆机场。慕尼黑国际机场是欧洲较大的航空枢纽，约100家航空运营商在此提供航班飞往全球69个国家的242个航点。对于汉莎航空和星空联盟成员而言，慕尼黑国际机场是一个重要的基地枢纽，其转机乘客平均占机场总客运量的37%。若以旅客吞吐量计，慕尼黑国际机场的规模排名德国第二（仅次于法兰克福国际机场），同时位居欧洲第7位及世界第30位。在Skytrax举办的2011年度世界最佳机场大奖中，超过11万人次投票于慕尼黑国际机场为欧洲最佳机场。

3）法兰克福

法兰克福是欧洲重要的国际金融中心,是德国商业和制造业的中心。法兰克福还是国际展览中心和国际会议中心,每年至少有5万个会议在这里召开。它也是世界图书业的中心,世界最大规模的书展在此举行。

法兰克福国际机场:位于德国黑森州法兰克福市,是德国的国家航空公司——德国汉莎航空公司的一个基地。法兰克福国际机场比伦敦的希思罗机场提供更多的飞行目的地,以乘客流量来算,法兰克福国际机场在欧洲位列第三位,排在伦敦的希思罗机场和巴黎的夏尔·戴高乐国际机场之后。法兰克福国际机场是欧洲第三、全球第七大机场,现有2条跑道、2个候机楼群,共有5个候机大厅。

任务实施

作业以小组为单位,5—6人组成一个团队,可以自由组队。团队选取IATA二区的任一国家为研究对象,按要求介绍选定的国家,要求如下。

（1）可以从航空和旅游两个方面进行介绍选定国家,可以介绍该国家的机场、主要航空公司、航空发展情况、主要景点以及人文风情等。

（2）每组各派一人结合PPT进行演示介绍,介绍时间为10—15分钟。

任务评价

根据任务实施评分表,对任务实施的结果进行评价。

考核内容		分值	学生评分	教师评分	实得分
能力	查阅研究能力	25			
	分析总结能力	25			
	小组合作能力	25			
	语言表达能力	25			
	总分	100			

课后测试

1. 简述IATA二区的范围。
2. IATA二区的次区有哪些?
3. 简述IATA二区的地理与航空基本状况。
4. 俄罗斯、英国、法国、德国的主要航空公司有哪些?各有什么特色?
5. 俄罗斯、英国、法国、德国有哪些主要机场?

任务三　熟悉IATA三区的概况

知识目标

1. 了解IATA三区的范围界定。
2. 熟悉IATA三区中的次区范围。
3. 掌握IATA三区主要国家的概况。

技能目标

能够在地图上准确地识别IATA三区的范围。

任务导入

IATA三区是新世纪以来世界航空运输业发展较快的地区,其航空业有着较大的发展潜力。其中,大洋洲和外界的联系主要依赖航空运输。亚洲主要旅游国的地理环境和航空运输状况及特征是必须重点掌握的内容,这些国家各有其自然地理、经济地理、旅游及空运地理特征。

请思考:

IATA三区的国家中哪些国家的航空发展较为突出?有哪些因素促使其发展的?

教学内容

一、IATA三区的范围

IATA三区(Area 3或TC3)指伊朗以东的亚洲部分及其附近的岛屿,包括东印度群岛、澳大利亚、新西兰及其邻近的岛屿,加上太平洋岛屿中除去属于IATA一区的部分。

IATA三区主要包括亚太地区,除日本、澳大利亚、新西兰和韩国、新加坡、中国台湾地区、中国香港地区外,绝大多数为发展中国家和地区。但是亚太地区21世纪以来成为全球经济发展的重点地区,航空运输具有很大的发展潜力。

IATA三区中的亚洲国家在20世纪80年代后经济增长迅速,其中,东盟五国(印度尼西亚、马来西亚、菲律宾、泰国、越南)、韩国和中国的航空运输也在高速发展。近40年来,亚太地区航空运输总周转量的年平均增长率居各区之首,占世界的比例也在不断增大。大洋洲地处亚洲、非洲、拉丁美洲和南极洲之间，沟通太平洋和印度洋，地理位置优越，拥有联系各大洲的海空航线，在世界交通和战略上具有重要地位。

IATA三区中主要航线有东半球航线、北太平洋航线、俄罗斯航线、西伯利亚航线、远东航线、南极航线、北极航线等。

二、IATA三区中的次区

（一）南亚次大陆

南亚次大陆（South Asian Sub-area，SASC），包括阿富汗、孟加拉国、不丹、印度、马尔代夫、尼泊尔、巴基斯坦、斯里兰卡。

（二）东南亚次区

东南亚（South East Asian Sub-area，SEA），包括文莱、柬埔寨、中国、圣诞岛、关岛、印度尼西亚、哈萨克斯坦、吉尔吉斯斯坦、老挝、马来西亚、马绍尔群岛、密克罗尼西亚、蒙古国、缅甸、北马里亚纳群岛、帕劳、菲律宾、俄罗斯联邦（乌拉尔山以东）、新加坡、塔吉克斯坦、泰国、土库曼斯坦、乌兹别克斯坦、越南。

（三）西南太平洋次区

西南太平洋（South West Pacific Sub-area，SWP），包括美属萨摩亚、澳大利亚、库克群岛、斐济群岛、法属波利尼西亚、基里巴斯、瑙鲁、新喀里多尼亚、新西兰、萨摩亚、所罗门群岛、汤加、图瓦卢、瓦努阿图、瓦利斯和富图纳群岛。

（四）日本/朝鲜次区

日本/朝鲜（Japan，Korea Sub-area）包括日本、朝鲜、韩国。

三、IATA三区的主要国家概况

（一）日本

1 国家概况

日本全称日本国，位于亚洲东部、太平洋西北，领土由本州、四国、九州、北海道四大岛及其他6800多个小岛屿组成，总面积约37.8万平方千米。日本主体民族为和族，通用日语。截至2023年4月，日本人口约1亿2455万。

1）自然地理

日本位于太平洋西岸，是一个由东北向西南延伸的弧形岛国，西隔东海、黄海、朝鲜海峡、日本海，与中国、朝鲜、韩国和俄罗斯相望。日本有众多岛屿，故有"千岛之国"之称。日本属温带海洋性季风气候,终年温和湿润。6月多梅雨,夏秋季多台风。1月平均气温北部－6 ℃,南部16 ℃;7月北部17 ℃,南部28 ℃。

日本地处温带,气候温和、四季分明。樱花是日本的国花,每到春季,青山绿水间樱花烂漫,蔚为壮观。日本境内多山,山地约占总面积的70%,大多数山为火山,其中著名的活火山是富士山(见图7-18),海拔3776米,是日本最高的山,也是日本的象征。日本地震频发,每年发生有感地震约1000次,是世界上地震最多的国家,全球10%的地震均发生在日本及其周边地区。

图7-18　富士山

日本的首都东京是全国的政治、经济、文化中心。国际标准时GMT＋9,比北京时间早1小时。

2) 经济地理

日本国土狭小,资源贫乏,但战后的日本奉行"重经济、轻军备"的路线,重点发展经济,使日本在20世纪60年代末成为世界第二大经济大国,经济实力仅次于美国。日本矿产资源贫乏,除煤、锌有一定储量外,绝大部分依赖进口。日本工业高度发达,是国民经济的主要支柱,工业总产值约占国内生产总值的40%,主要集中在太平洋沿岸地区,京浜、阪神、中京和北九州为四大传统工业区,后又出现北关东、千叶、濑户内海及骏河湾等新兴工业地带。

3) 航空运输

日本航空运输业发达,已形成以海运为主,海、陆、空密切结合的现代化交通运输体系。国际航运中,货运以海运为主,客运以航空为主。日本国家中心机场包括东京成田国际机场、东京羽田国际机场、名古屋中部国际机场、大阪关西国际机场和大阪伊丹国际机场。日本航空、全日空、北海道国际航空、天马航空是日本四大航空公司,是日本空中交通的重要标志。

2 主要航空企业

1）日本航空集团公司

日本航空公司和日本佳速航空公司于2002年10月重组，设立了新日航集团（Japan Airlines Corporation）。从2004年4月1日起，日航集团在"JAL"的统一品牌基础上，成立了以Japan Airlines Domestic负责所有日本国内客运业务；Japan Airlines International负责所有国际客运及货运业务的航空公司。目前，日航集团拥有以波音系列为主的飞机286架、国际航线200多条、国内航线166条。日航集团国内航班每天超过1000班次，国际航班每周超过1700班次，是拥有全日本最庞大航运网络的航空集团公司。

日航集团为在质与量等综合方面发展成为世界一流的航空集团公司，每天航运众多架次的航班，竭力为所有乘客提供准时和舒适的服务。日航集团制定了服务宣言，预先告知乘客，哪怕旅程在不明朗或无法估计的情况下，都将会全心全意竭诚为乘客提供服务。

2）全日空航空公司

全日空航空公司（All Nippon Airways Corporation），简称全日空，成立于1952年，总部设在东京。2004年，全日空航空公司被《世界商业评论》评为世界前十大航空公司之一。全日空（见图7-19）主要业务包括：定期航空运输业务；

图7-19 全日空标识

非定期航空运输；采购、销售、出租和保养飞机及飞机零件业务；航空运输地面支援业务。全日空在日本主要城市之间拥有全面航线网络，其国际航线延伸到亚洲、北美、欧洲等地。全日空开办的国际航线通达40余个目的地。

全日空在日本国内占有较大的市场份额，每天有800多个航班，接近日本国内市场的50%。1999年，全日空加入于1997年成立的星空联盟。全日空以其专业的服务而闻名，致力于为商务旅行者提供最好的飞行服务。2002年，全日空在New Style CLUB ANA中引入"舒适的睡眠者"座椅，这是为长途飞行的高级商务舱和高级经济舱乘客提供的全新座椅。

全日空是亚洲较大的航空公司。2002年，全日空开始提供大连、青岛、天津与东京之间的定期全货机航线服务。2004年，全日空与中国国际航空公司、上海航空公司开始运营代码共享航班，全日空的盈利亦于2004年首次超越日本航空公司。近年来，全日空航空公司把中国航班划为其国际航线的核心航线。截至2023年，全日空航空公司在中、日之间已开通国际航点15个。

3 主要城市及机场

东京是日本的首都，全称东京都，是日本的海陆空交通的枢纽、现代化国际都市和世界著名旅游城市之一，日本的主要公司都集中在这里。它们大多分布在千代田区、中央区和港区等地。东京同它南面的横滨和东面的千叶地区共同构成了闻名日本的京滨叶工业区。东京金融业和商业发达，对内对外商务活动频繁，素有"东京心脏"之称的银座，是当地最繁华的商业区。东京作为一个国际性的大都市，还经常举办各种国际文化交流活动，如东京音乐节和东京国际电影节等。东京的交通很便利，时速达200千米的新干线，从东京延伸到九州，并向东北方面延伸。地下铁道几乎能到达所有的重要地区。铁路、公路、航空和海运组成了一个四通八达的交通网，通向全国及世界各地。

(1) 东京国际机场。

东京国际机场(Tokyo International Airport)，中国常称其为东京羽田国际机场、羽田机场。东京国际机场位于东京东南，为4F级机场，是日本国家中心机场、日本最大机场，也是日本国内最繁忙的机场。据2020年7月综合消息显示，东京国际机场共有3座航站楼，民航站坪设近机位74个，共有4条跑道。东京国际机场于1931年8月启用，旅客流量亦在世界数一数二。根据统计，2018年，东京国际机场共完成旅客吞吐量8489.3742万人次，在日本排名第一位；货邮吞吐量136.4984万吨，在日本排名第二位；飞机着陆22.6747万架次，在日本排名第一位。

现在，在机场升降的航班差不多都以国内航线为主。以日本天皇、皇后为首的皇族，包括由内阁总理大臣为首的阁僚所乘坐的行政专机、政府机构专机及特别机等的升降，以及国宾与一部分的贵宾外游、到访等的专机、特别机等的升降，全部都在羽田机场进行(但一般从外国来的宾客则为使用成田机场较多)。主要是因为羽田机场较为靠近市中心，亦基于警备上的考虑。为此，羽田机场设有一些VIP的专用设施，如VIP机专用的停机坪(V1及V2停机坪)及贵宾室(与一般的客运大楼分开)等。羽田机场是日本少数可以作24小时航班升降的机场之一，现在于深夜升降的航班，大多是国际线包机及一些货运航班。

(2) 成田国际机场。

成田国际机场(Narita International Airport)，简称成田机场，位于日本关东地区距东京市区68千米之遥的千叶县成田市，是日本最大的国际航空港。成田机场年客流量居日本第二位，货运吞吐量居日本第一位、国际第三位。成田机场是日本航空、全日空、美国联合航空公司、美国西北航空公司的亚洲枢纽港。根据日本机场分类法，成田机场与东京羽田国际机场、大阪国际机场、关西国际机场和中部国际机场统一划分为一类机场。

成田国际机场原名新东京国际机场，2004年起，为了和东京国际机场(羽田机场)区别而更名为成田机场。尽管成田机场的客源主要来自东京市，但它与东京市中心相距遥远，即使乘坐最快的火车从机场到市中心也要花上1小时。如今，成田国际机场主要运作国际航线；东京国际机场(羽田机场)距离东京市中心比较近，主要负责国内航线和少量的国际航线。成田机场的所有权属于东京，共有3条跑道、2个旅客航站楼。有30个国家的40多个航空公司使用该机场，形成了通达北美、欧洲及亚太的全球性国际航线网络。

此外，在日本大阪还有关西国际机场，这个拥有3条跑道的人工岛建筑成的机场，将成为亚洲较大的海陆空交通枢纽。

(二) 韩国

1 国家概况

韩国全称大韩民国,位于亚洲大陆东北部朝鲜半岛南半部,东、南、西三面环海。西濒临黄海,与胶东半岛隔海相望,东南是朝鲜海峡,东边是日本海,北面隔着三八线非军事区与朝鲜相邻。

1) 自然地理

韩国国土面积10.329万平方千米,地形东北高、西南低,山地面积约占70%。韩国属温带季风气候,年均气温13 ℃,降水量1300—1500毫米。冬季平均气温为0 ℃以下,夏季8月最热,气温为25 ℃。3—4月和夏初时易受台风侵袭。

首都首尔是朝鲜半岛最大的城市,是韩国的政治、经济、文化中心。国际标准时GMT+9,比北京时间早1小时。

2) 经济地理

从20世纪60年代开始,韩国政府就成功地推行以增长为主的经济政策,20世纪70年代之后正式走上发展经济的轨道,创造了举世闻名的"汉江奇迹"。到20世纪80年代,韩国一改贫穷与落后的面貌,呈现出繁荣和富裕的景象,成为国际市场上一个具有竞争力的国家。如今,韩国经济实力雄厚,钢铁、汽车、造船、电子、纺织等已成为韩国的支柱产业,其中造船和汽车制造等行业更是享誉世界。韩国的电子工业发展迅速,为世界十大电子工业国之一。近年来,韩国重视IT产业,不断加大投入,IT技术水平和产量均居世界前列。

3) 航空运输

韩国开通国内航线21条,国际航线350条(其中外国航空公司航线210条),现有8个国际机场:仁川国际机场、金浦国际机场、济州国际机场、金海国际机场、清州国际机场、大邱国际机场、襄阳国际机场、务安国际机场。韩国是空运大国,主要航空公司有大韩、韩亚、济州、韩星等。

2 主要航空企业

1) 大韩航空公司

大韩航空(Korean Air)是代表大韩民国的航空公司(见图7-20)。该公司原是一个政府所有的规模较小的地区性航空公司,1969年被韩进集团接管。现在,它的航线遍及29个国家的77个城市,拥有112架最新式的飞机,是天合联盟的成员。

图7-20 大韩航空标识

大韩航空推出的优质机舱服务,已得到若干调查统计的肯定。在2000年,大韩航空的经济舱服务以及飞行里数奖励计划,已连续两年被商务旅行者亚洲太平洋公司评选为世界第一。大韩航空还在提供最佳头等舱和商务舱服务、座位舒适度、机舱服务、机舱食品以及向顾客提供全方位服务方面,持续被列入世界前十名。大韩航空的货运业务,从1997年

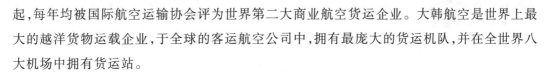

起,每年均被国际航空运输协会评为世界第二大商业航空货运企业。大韩航空是世界上最大的越洋货物运载企业,于全球的客运航空公司中,拥有最庞大的货运机队,并在全世界八大机场中拥有货运站。

目前,大韩航空与我国北京、天津、青岛、上海、沈阳、三亚、香港等城市开通了客运航线,并在上海、香港开通了货运航线。

2) 韩亚航空公司

韩亚航空公司(Aisana Airlines)又称韩亚航空株式会社,成立于1988年,是目前韩国第二大航空公司。韩亚航空在货运上提供陆、海运输相结合的具有竞争力的复合运输服务,即从最初的始发国通过海运到达国内釜山港或仁川港的货物,再利用航空运输送到目的地。韩亚航空公司除了航空运输外,还涉及土木、建筑、设备、电器、通信、韩亚标志商品、观光、宾馆、教育、配餐、电子商务、广告企划及代理、机内商务销售等行业。

韩亚航空公司一直秉承"安全第一、服务至上,满足客户需求"的经营理念,目前已发展成为拥有83架飞机(以2017年为准),张开彩色机翼飞往世界各地的国际航空公司。韩亚航空始终把"安全"放在首位,以彩色机翼般美丽的笑容和既崭新又体贴周到的服务迎接每位乘客,并不断引进新设备,面向未来。

3 主要城市及机场

韩国首都首尔位于朝鲜半岛中部,地处盆地,汉江迂回穿城而过,是韩国政治、经济、文化和教育的中心,也是全国陆、海、空交通枢纽。首尔南北最长处为30.3千米,东西最长处为36.78千米,总面积605.5平方千米。

(1) 仁川国际机场。

仁川国际机场(Incheon International Airport)距首尔市西52千米,航站楼总面积49.6万平方米,地上、地下共6层。仁川国际机场航站楼的总面积为49.6平方米(地下2层、地上4层),作为单一建筑物,有着国内最大的规模。

仁川国际机场是韩国最大的机场,目前有44个登机口,其中38个是供国际航线,3个供国内航线,3个兼用为国际、国内航线。仁川国际机场的货运站是将通过仁川国际机场出入境或过站的货物灵活运输、保管、处理的设备。通过货运站有效对付日益增加的航空货物的需求,管理进出口货物及过站货物,具有通关、保管的功能。

(2) 金浦国际机场。

金浦国际机场(Gimpo International Airport)位于首尔市江西区和仁川广域市交界处,是韩国第二大机场,为4E级国际机场。金浦国际机场除了提供航空服务外,还建有娱乐、购物中心等设备设施。

截至2023年8月,金浦国际机场T1航站楼面积88443平方米,T2航站楼面积79189平方米;民航站坪设144个机位,其中12个为廊桥机位;可以满足年旅客吞吐量4020万人次、货邮吞吐量121.5万吨、起降航班22.6万架次的使用需求。

任务实施

作业以小组为单位,5—6人组成一个团队,可以自由组队。团队选取IATA三区的任一国家为研究对象,按要求介绍选定的国家,要求如下。

(1) 可以从航空和旅游两个方面进行介绍选定国家,可以介绍该国家的机场、主要航空公司、航空发展情况、主要景点以及人文风情等。

(2) 每组各派一人结合PPT进行演示介绍,介绍时间为10—15分钟。

任务评价

根据任务实施评分表,对任务实施的结果进行评价。

考核内容		分值	学生评分	教师评分	实得分
能力	查阅研究能力	25			
	分析总结能力	25			
	小组合作能力	25			
	语言表达能力	25			
总分		100			

课后测试

1. 简述IATA三区的范围。
2. IATA三区的次区有哪些?
3. 简述IATA三区的地理与航空基本状况。
4. 日本、韩国的主要航空公司有哪些?各有什么特色?
5. 日本、韩国有哪些主要机场?

项目综合测试

REFERENCES
参考文献

[1] 刘旭颖,刘慧.航空运输地理[M].北京:航空工业出版社,2023.

[2] 江红.航空运输地理[M].北京:人民交通出版社,2023.

[3] 中国航空运输协会.全球航空业动态[DB/OL].[2023-10-26].https://www.cata.org.cn/portal/content/content-list/yjyd/hxzx.

[4] 吴大明.航空运输地理[M].合肥:合肥工业大学出版社,2018.

教学支持说明

高等职业学校"十四五"规划民航服务类系列教材系华中科技大学出版社"十四五"期间重点规划教材。

为了改善教学效果,提高教材的使用效率,满足高校授课教师的教学需求,本套教材备有与纸质教材配套的教学课件(PPT电子教案)和拓展资源(案例库、习题库等)。

为保证本教学课件及相关教学资料仅为教材使用者所用,我们将向使用本套教材的高校授课教师免费赠送教学课件或相关教学资料,烦请授课教师通过电话、邮件或加入民航专家俱乐部QQ群等方式与我们联系,获取"教学课件资源申请表"文档,准确填写后发给我们,我们的联系方式如下:

地址:湖北省武汉市东湖新技术开发区华工科技园华工园六路

邮编:430223

电话:027-81321911

传真:027-81321917

E-mail:lyzjjlb@163.com

民航专家俱乐部QQ群号:799420527

民航专家俱乐部QQ群二维码:

扫一扫二维码,加入群聊。

教学课件资源申请表

填表时间：_____年___月___日

1. 以下内容请教师按实际情况写，★为必填项。
2. 根据个人情况如实填写，相关内容可以酌情调整提交。

★姓名		★性别	□男 □女	出生年月		★职务		
						★职称	□教授 □副教授 □讲师 □助教	
★学校				★院/系				
★教研室				★专业				
★办公电话			家庭电话			★移动电话		
★E-mail（请填写清晰）						★QQ号/微信号		
★联系地址						★邮编		

★现在主授课程情况	学生人数	教材所属出版社	教材满意度
课程一			□满意 □一般 □不满意
课程二			□满意 □一般 □不满意
课程三			□满意 □一般 □不满意
其 他			□满意 □一般 □不满意

教 材 出 版 信 息		
方向一		□准备写 □写作中 □已成稿 □已出版待修订 □有讲义
方向二		□准备写 □写作中 □已成稿 □已出版待修订 □有讲义
方向三		□准备写 □写作中 □已成稿 □已出版待修订 □有讲义

　　请教师认真填写表格下列内容，提供索取课件配套教材的相关信息，我社根据每位教师填表信息的完整性、授课情况与索取课件的相关性，以及教材使用的情况赠送教材的配套课件及相关教学资源。

ISBN（书号）	书名	作者	索取课件简要说明	学生人数（如选作教材）
			□教学 □参考	
			□教学 □参考	

★您对与课件配套的纸质教材的意见和建议，希望提供哪些配套教学资源：